好運秘密

會引向成功的50個錦囊

孫和◎著

目錄
contents

目錄
contents

第一章

審時度勢，失而復得

★ 要善於審時度勢
★ 堅信自己肯定會贏
★ 看清楚了再行動
★ 決心和毅力是成功的動力
★ 勇於面對一次次的失敗
★ 不要向挫折低頭
★ 不要因挫折而喪失信心
★ 勇於承受困難的考驗
★ 要善於控制自己
★ 堅持到底就能成功

錦囊1

要善於審時度勢

只有清白無辜的人才會有真正的勇氣；只有投身到真誠的事業中去的人才會有堅定的信念。

有沒有發現成功的人並非都強硬不屈，相反的，他們往往都相當圓融，甚至有時候姿態放得比誰都要低。

有一條小河的河水從遙遠的高山上流下來，經過很多村莊和森林，最後，它來到一片沙漠邊緣。

沙漠一望無際，河水終究還是無法穿越。

「也許這就是我的命運吧！我永遠也到不了傳說中的大海了。」小河望著遍地黃沙，感到無比灰心。

「你有沒有想過讓自己蒸發到風中，讓風兒帶著你從我的身上飛過，這樣，你就可以到達目的地了。」沙漠好心地提醒它。

河水是從山裏出來的，它從來不知道有這樣的事情——要自己放棄現在的樣子，然後消失在微風中。

「不！不！這太冒險了。」河水一下子無法接受這樣的建議，畢竟它從沒有過這樣的經驗，它擔心要是放棄自己現在的樣子，最後卻變不回來，那不就等於自我毀滅嗎？

「你放心好了，風兒可以把水氣包含在它身體裏，然後飄過沙漠，到了適當地點，風兒就會把這些水氣釋放出來，讓它們變成雨水，然後這些雨水又會聚集在一起形成河流，繼續向前奔湧。」沙漠很有耐心地解釋給小河聽。

「那我還是原來的我嗎？」河水又問。

「可以說是，也可以說不是。」沙漠回答，「但是，不管你是一條河流，還是看不見的水蒸氣，你終究是水，你的本質是不會改變的。」

聽沙漠一再鼓勵，小河終於決心鼓起勇氣，放膽一試。它張開雙臂，投入微風的懷抱中，讓微風帶著它，飛越茫茫無邊的沙漠，到達它所嚮往的汪洋大海。

可見保持彈性，才能突破瓶頸。

廣闊的沙漠也許難以跨越，但是，只要你肯改變自己的形態，一樣可以到達你的目的地。

難走的路，要小心地走；不可能走的路，就要懂得轉彎。

人生的道路上不可能一帆風順，重要的是當你遇到障礙時，仍要不忘記自己的目標，仍要想盡辦法往前走。只有一時的忍耐與犧牲，才能換得長久的希望與成功。

智慧點滴

小草之所以抵得過急勁強風，是因為它們懂得如何迎風搖曳，隨時注意改變自己的姿態。

錦囊 2

堅信自己肯定會贏

成功者都要經歷無數次的失敗，但是，失敗並不可怕，可怕的是自己被自己打敗。在遇到挫折時，如果你認為自己被擊垮了，那麼，你就會真的垮下去；如果你認為自己根本不會輸，你就會永遠屹立著。

參加一場比賽，如果你認為自己沒有能力，你失敗的可能性會大大增加；如果你堅信自己肯定會贏，失敗也會在你的拼搏下一步步後退。

一個女人如果總是自愧於見人，那麼，她永遠不會是別人眼中的美女。同樣，一個人如果不覺得自己聰明，那麼，他也不會成為別人眼中的聰明人。

逆境中的堅定更為珍貴。古人云：「人生在世不如意事十之八九。」這就是說，生活中，人人都會經常遇到不順心的事，都會有突然跌落低谷，在逆境中掙扎的時候。在同樣的環境下，之所以有的人能把無數次的打擊當做是一種鍛煉，一種讓自己更加堅強、更加成熟的人生機遇，並衝出逆境重新崛起；而有的人卻只能在逆境中悲觀、消極，一天天地萎靡下去，有很大一部分原因，是他們自身對困難的忍耐性不同。

如果在重大的打擊和挫折面前，缺乏一定的承受力，那就有可能陷入絕望的泥潭裏，或者自暴自棄。這代表著懦弱，代表著失敗，是自己打敗了自己。

生命需要韌性，處在人生的低谷時，雖然活得很痛苦、很絕望，但總是尚存一線希望。也許這個希望很渺茫，也許這個希望永不能實現，可不管怎麼說，要相信轉機總是存在的。

西元前一百年，匈奴單于新立，怕漢朝出兵攻打，便派使臣前來求和。漢武帝為了答覆匈奴好意，就派蘇武以中郎將身分，拿了使節（這是當時使臣的憑信物，以竹杖和犛牛尾做成），出使匈奴。

跟隨蘇武前往的，有特使張勝、隨員常培等一百多人。蘇武在匈奴辦完事準備回來時，不料發生了意外。

原來，以前有個叫衛律的漢朝使臣投降匈奴後被封為丁靈王，蘇武到匈奴後，衛律的部下虞常和張勝合謀，準備殺掉衛律，劫持單于的母親歸漢。

這件事被人告發，匈奴單于逮捕了虞常，又派衛律召蘇武受審，讓他投降匈奴。蘇武誓死不從。

匈奴單于對蘇武的英勇氣概非常欽佩，更希望他能為己所用，於是要衛律設法勸說他。衛律在審訊時，當場殺死虞常，又拿劍威脅蘇武，蘇武毫無懼色。

衛律無法可想，又用自己投降後在匈奴所獲得的富貴榮華勸誘蘇武投降，結果反被蘇武罵了一頓，單于知道後，下令把蘇武關在一個陰暗的地窖中，斷絕他的飲食，企圖用饑餓和寒冷迫使他屈服。

但蘇武仍不被困難所嚇倒，他在饑渴難耐時，就把犛牛毛和雪一道吞下去充饑。匈奴單于見他幾天都沒有餓死，非常驚奇，就把他流放到北海牧羊，並勸他說：

「等到羊生了小羊，我就放你回去。」

北海一帶荒涼寒冷，人跡罕至。蘇武就在這樣荒涼的地方牧羊。

後來，他的羊又被當地人一夜之間偷光了，他無可奈何，只好在糧食不夠時，挖掘野鼠和野菜充饑，但他日夜都把那根代表自己身分的節仗帶在身邊，始終念念不忘要返回漢朝。

直到西元前八十一年，因匈奴和漢朝和好，蘇武才被遣送回國，此時他已經在冰天雪地苦苦支撐了幾十年。他壯年出使，回來時已是鬢髮盡白。

歷盡風霜雪雨、風餐露宿，蘇武終於以自己幾十年的堅忍不辱使命，得勝還朝。

古人云：「天將降大任於斯人也，必先苦其心志，勞其筋骨，餓其體膚，空乏其身……」從另一個角度講，不正說明了磨難也只是走向成功的一個必經階段嗎？

智慧點滴

生命需要韌性，處在人生的低谷時，雖然活得很痛苦、很絕望，但總是尚存一線希望。也許這個希望很渺茫，也許這個希望永不能實現，可不管怎麼說，要相信轉機總是存在的。

錦囊 3

看清楚了再行動

因為你的每一腳都踏得扎實，每一步都走得穩健，因為你把握了一路上的點點滴滴。經過長時間的艱苦工作，並埋頭沉浸於其中，你才可望有所成就。

每個人都盼望機會從天而降，問題是，當機會從天上掉下來時，你有沒有把握能抓得住？

不要老是說別人不給你任何機會，更多時候，不給你機會的人，實際上正是你自己。

一個二十出頭的小夥子匆忙地在路上行走，他走得如此專心，對路旁的風景與過往的行人完全不屑一顧。

突然之間，有個人在路旁攔住他，輕聲問道：「年輕人，你走這麼快做什麼？」

小夥子頭也不回，繼續飛快地向前奔跑著，只是在越過這個人身邊時，冷冷丟下一句：「別擋我的路，我正在尋找機會。」

轉眼間，二十年過去了，小夥子已經變成中年人，他的臉上多了些滄桑，但是腳程不減，他依然在路上行色匆匆。

有一天，路上又有一個人攔住他，問道：「喂，你走這麼快，究竟在忙些什麼呀？」

「別擋我的路，我在尋找機會。」他還是連眼睛也不抬一下。

又是二十年過去了，這個中年人已經變成一位老人，看起來面色憔悴、目光呆滯，明明已經步履蹣跚，但還是拼了老命似的，在道路上盡可能快速地移動他的雙腳。

有一天，一個人擋住他的去路，問道：「老人家！這麼多年了，你還在尋找你的機會嗎？」

「是啊！你怎麼知道？」

當這個老頭說完這句話後，抬頭一看，不禁猛然一驚，眼淚一行行撲簌簌地掉了下來。

原來，剛才跟他說話的那個人，就是機會之神的化身。他尋找了一輩子，機會之神其實就在他的身邊，是他自己一直把機會之神推開，叫他不要擋住自己的路。

如果你像故事中的那個人一樣，一直這樣匆匆忙忙、莽莽撞撞地走在人生的道路上，你又怎麼能看到幸運之神在對著你招手？又怎麼能撿到地上閃閃發光的黃金？

智慧點滴

橫衝直撞地向前奔走，並不會通往成功，與此相反，當你仔細去注意每一條彎路，用心去欣賞沿途每一幕景色時，你反而能冷靜選中一條全新而正確的道路。

錦囊 4

決心和毅力是成功的動力

晚間觀看美國網球公開賽轉播，上屆女子單打冠軍西班牙女將桑吉絲，她是第二號種子選手，被第十號種子選手美國的費南德絲打敗，而遭到淘汰。

比賽結果爆出令人意外的大冷門，桑吉絲衛冕後失利，她先盛後衰，飲恨出局。這是一場精彩的球賽，在雙方各勝一盤打成平手之後，四比五僅一分之差，她獲第四分時，高興得舉起網球拍親吻，可以看出她內心的得意，也許因為得意，才大意揮出一支界外球，而痛失勝利。

看了一場球，我悟出些道理。

成功與失敗，應是互為因果。

一個人因為肯努力，終於達到成功的目標，下一步又可能由於失誤而失敗，失敗後的自我檢討，坦然接受暫時的受挫，培養堅強毅力，有再接再厲的決心，便是成功的動力，所以，天下沒有絕對永恆的成功與失敗。

一位研究成功人物的學者說：

「認清目標和熱切企求，就是成功秘訣的主要因素，它們的共同點是百折不撓。」

看來，**忍受挫折是反敗為勝的關鍵**。

有一次乘計程車，司機說他路不熟要我指點，因為他才轉任新職一個多月。並告訴我說，只因和朋友合夥做生意失敗，才決定走這條靠體力謀生的路來磨練自己。他還說，他才三十歲，人生道路上可以一次次再出發。

他的結語是「自己跌倒自己爬」。

聽他談吐不俗，必然懂得如何調適自己挫敗後的心情，能面對失敗，克服心理障礙，閉門自省之後，平衡自己不安的情緒，生活態度才會更積極。

人生的起落誰能估計？有人得了機會而才華顯露，展現光鮮亮麗的一面，卻也有成功背後的無數艱辛。

有人因失敗的打擊，激發鬥志，跨越生命的迴旋路，而創造另一命運的轉捩點。

其實，一生的道路不平順，活著的內容不是更豐富嗎？

打擊之後的雄心萬丈，才更能發揮潛能。

我們努力不是要給別人看，而是能向自己作個交代，這才更重要。

智慧點滴

認清目標和熱切企求，就是成功的秘訣，成功人物的共同點是百折不撓。

錦囊5

勇於面對一次次的失敗

失敗者最容易犯的錯誤就是沒有耐性，面對一次次的失敗，灰心喪氣，止步不前，輕易放棄。殊不知，如果再堅持一分鐘，也許成功就會屬於他們了。下面一例，會使你受到啟發。

著名推銷商比爾．波特在剛剛從事推銷業之初，屢受挫折，但他硬是一家一家地走下去，終於找到第一個買家，成了一名走街串巷的英雄。如今的他，成了懷特金斯公司的招牌。

比爾．波特告訴我們：「要看到積極的一面，沒有實現理想之前永遠不要放棄。」

他是美國成千上萬銷售人員中的一員，與其他人相同的是，每天早上起得很早，為一天的工作做準備；與其他人不同的是，他要花三個小時到達要去的地點。

不管多麼痛苦，比爾・波特始終堅持著，工作就是比爾的一切，他要以此為生。

從個人的角度來說，工作也是比爾價值的重要體現，而這種價值曾經被世人忽視過。多年以前，比爾就認識到必須做出選擇，要麼被當作廢物，要麼去工作。他選擇了後者，成了一個推銷員。

比爾出生於一九三二年，媽媽生他的時候難產，大夫用鑷子助產時不慎夾碎了比爾大腦的一部分，結果導致他的大腦神經系統癱瘓，這種紊亂嚴重影響了比爾的說話、行走和對肢體的控制。

長大後，人們都認為他肯定在神智上存在著嚴重的缺陷和障礙，社福機關將他定為「不適於被雇用的人」。專家們說他永遠都不能工作。

比爾能有今天應當感謝媽媽，她一直鼓勵比爾做一些力所能及的事情。

她一次又一次地對比爾說：「你能行！你能夠工作、能夠獨立。」

比爾得到媽媽的鼓勵後，開始從事推銷工作。他從來沒有將自己看做「殘疾人」。

開始時，他向福勒公司提交了一份工作申請，但該公司拒絕了，並說，他根本無法完成公司的業務。幾家公司都做出了同樣的判斷。

但比爾堅持了下來，發誓一定要找到工作，最後懷特金斯公司很不情願地接受了他，同時也提出一個條件：比爾必須接受沒有人願意承擔的波特蘭、奧根地區的業務。

雖然條件非常苛刻，但畢竟是個機會，比爾欣然接受了。

一九五九年，比爾第一次上門推銷，猶豫了四次，才最終鼓起勇氣摁響了門鈴。開門的人對比爾推銷的產品並不感興趣。接著是第二家，第三家。

比爾始終把注意力放在尋求更強大的生存技巧上，所以，即使顧客對產品不感興趣，他也不感覺灰心喪氣，而是一遍一遍地去敲開其他人的家門，直到找到對產品感興趣的顧客。

他的生活幾乎重複著同樣的路線。每天早上，在他上班的路上，比爾會在一個擦鞋攤前停下來，讓別人幫他繫一下鞋帶，因為他的手非常不靈巧，要花很長時間才能繫好；然後，在一家賓館門前停下來，接待員給他扣上襯衫扣子，幫他整理好領帶，使比爾看上去更精神一些。

不論颳風還是下雨，比爾每天都要走十英里，背著沉重的樣品包，四處奔波。那隻沒用的右胳膊蜷縮在身體後面。

這樣過了三個月，比爾敲遍了這個地區的所有家門。當他做成一筆交易時，顧客會幫助他填寫好訂單，因為比爾的手幾乎拿不住筆。

出門十四個小時後，比爾會筋疲力盡地回到家中，此時他關節疼痛，而且偏頭痛還時常折磨著他：每隔幾個星期，他就列印出訂貨顧客的清單，由於只有一個手指能用，所以這項簡單的工作常常要用去他十個小時的時間！

每天深夜，當把一天的工作全部做完後，他將鬧鐘定在四點四十五分，以便早點起床開始明天的工作。

一年年過去了，比爾負責的地區的家門越來越多地被他打開了，銷售額漸漸增加。他上百萬次地敲開了一扇又一扇門，最終成了懷特金斯公司在西部地區銷售額最高和銷售技巧最好的推銷員。

懷特金斯公司現有六萬名推銷員在美國各地的商店推銷著公司的家用產品，但比爾仍然是惟一一個上門推銷的推銷員。

現在許多人在打折商店成批地購買懷特金斯公司的產品，這使得他的工作越來越困難。面對著變化的購買趨勢，比爾沒有找藉口，也沒有抱怨。他一直在盡最大努力堅持著。

一九九六年夏天，懷特金斯公司在美國建立了連鎖機構，現在比爾沒必要再上門推銷去說服人們購買產品了，但此時，比爾成了懷特金斯公司的產品形象代表。

他是公司歷史上最出色的推銷員，公司以比爾的形象和事蹟向人們展示實力。懷特金斯公司對比爾的勇氣和傑出的業績進行了表彰，他是第一個得到公司主席頒發的傑出貢獻獎的人，後來，這項獎項只頒發給那些擁有像比爾・波特那樣取得傑出成就的人。

在頒獎儀式上，同事們站起來為他歡呼鼓掌，歡呼和淚水持續了五分鐘。

智慧點滴

一個有目標的人，只要全身心地投入到追求目標的努力中，那麼，生活中就沒有事情是不可能做到的。

錦囊6

不要向挫折低頭

白手起家意味著希望只有百分之一，你必須付出百分之九十九的不懈努力。展望無數成功人士，他們大都是從無到有，白手起家的。他們有別人沒有的創業精神，堅韌不拔、鍥而不捨，最終在事業的大風大浪中站穩了腳跟。

日本最大的計程車公司——川鍋交通公司的創業者川鍋秋藏，小學畢業後就像他的父親一樣進入國營鐵路大工廠做實習生。

日本是一個一切以學歷為重的社會，川鍋秋藏發現在工廠裏獲得晉級的希望不大。二十歲那年，他放棄了工作來到東京，先是在汽車商會實習，接著又做洗車、打掃等工作，後來還學會了開車。

他就這樣一點一點地積蓄著力量，尋找著機會。一個偶然的機會，他被川崎造船公司雇用，由於工作勤懇，仔細認真，公司讓他為社長開車。

有了穩定的收入之後，川鍋秋藏開始了自己的創業歷程。他平時省吃儉用，每月都把積攢下來的錢存入銀行。存夠了錢之後，川鍋秋藏開了一家川鍋汽車公司，這家公司開創了預約用車的先例。

有趣的是，川鍋秋藏開公司之後，雇用了不少職員和司機，但他本人依然做川崎社長的司機。

川鍋公司開業時僅有十輛計程車，十年後增加到三百六十輛，一九六〇年增長到一千三百輛。

川鍋秋藏的雪球越滾越大，白手起家的川鍋秋藏在歷經闖蕩後，創建了日本最大的計程車公司。

一個人如果懶於行動，容易退縮，並且在困難中日益消沉。那你追求的就不是成功，而是失敗了，因為，你把失敗當做了終極。在這兒止步不前，將是你一生的失敗。

湯姆．莫納根是達美樂餐館連鎖店的老總，他開始經商時並非一帆風順，也是失敗連連。可湯姆．莫納根對失敗有新的認識，不同的見解。

這個「從打著滾賺錢到在金錢中打滾」的企業家是怎麼定義失敗的呢？

一九六〇年，湯姆．莫納根和他哥哥傑姆借了九百美元，在東密西根大學附近開了一家披薩店，只要學校不放假，生意就很好。

莫納根住在店裏，親自準備日用調味品和新鮮麵團，準備餅上用的蔬菜和肉，連續花數小時把乳酪切成丁等等。

哥哥傑姆在郵局有一份穩定的工作，所以花在生意上的時間比較少。當生意變得越來越糟糕後，他們的合作崩潰了，傑姆將自己的那一半股份賣給了湯姆。

「那是一個挫折，」湯姆承認，「但我始終保持樂觀的態度，我知道生意能否成功就只有靠自己了。我歡迎挑戰。」

湯姆以前很喜歡待在學校裏，但是，現在他作為一個個體戶，除了整天照顧生意外，沒有什麼別的選擇了。

為了擴大生意，他發現了一個經營披薩，並且第一個提供免費家庭送餐服務的人。湯姆急切地希望與他合作，對方提出支付五百美元的投資，但要取得平等的合夥人資格，湯姆不得已接受了。

那年秋天，湯姆同新合夥人開了兩家餅店，後來又增加了一個全方位服務的餐廳。但始終沒有看到合夥人的五百美元，而且，由於合作夥伴以前的破產，所有的費用支出仍是用湯姆的名義。湯姆每星期工作一百個小時，開著一輛破舊的汽車送餐。

偶爾從賬目上兌現僅一百二十五美元的週薪，合夥人卻縱情揮霍，買車買房，給房子進行豪華的裝修。

儘管朋友們都警告湯姆，這個人只是在利用他，但湯姆認為這個人過去的經驗是筆資產，自己需要他。

湯姆說：「我相信只要我公平待他，我是不會受到傷害的。」

幾年後，合夥人因病住進醫院，並要求解除合作關係時，湯姆仍然相信信任是解決問題的最好辦法：由於合作關係變得錯綜複雜，湯姆的律師建議他宣告破產然後重新開始。

但湯姆堅決反對破產，並且繼續支付給合夥人兩萬美元的分紅。湯姆清楚地知道，如果不解除合約，合夥人再次負債的話，那些債務將落在自己名下。

可是湯姆希望他康復，能保持健康並償還債務，並且能回來繼續和自己一同開披薩店。

湯姆的目標是要開第一流的披薩店，並在亞普斯蘭迪市享有最好的聲譽。為了實現這個夢想，他對用料制定了非常嚴格的標準，所有的原料必須是最好的。而且每天所用的生麵團必須是新鮮的。

他的生意在不斷地壯大，漸漸地，他還清了合夥人帶來的債務。他每天工作十八個小時，從上午十點到次日凌晨四點。就這樣，一個星期七天，天天循環往復。幾年的辛勤努力使他能夠用活期存款付賬，並使他有了片刻喘息的機會。

他利用工作假期休息了一段時間，和妻子一同參觀了所有的披薩店。湯姆的目的是向其他人學習經營的過程，以便日後管理更大的生意。

對湯姆來說，這是一次激動人心的旅行，看到的東西真的開始在他心中形成想法，湯姆非常急於把商店擴展到亞普斯蘭迪市之外的周邊地區去發展，並將自己的達美樂披薩推廣到整個密西根城。

後來他與合夥人解除了合作關係，兩年後，湯姆最擔心的事發生了。他的前合夥人宣布了破產，在感恩節，湯姆給妻子帶來了這個傷心的消息。湯姆現在要承擔七萬五千美元的債務。

「我曾經那麼努力地工作來建立我的生意，使它發展壯大，」湯姆說，「我簡直不敢相信，我失去了所有的東西。」

他與債權人制定了償還計畫，並承諾償還合夥人欠的每一分錢。假如湯姆在這次失敗的打擊下倒下去的話，那他的人生將在此處墜落，直到消逝。

然而，堅強的他毅然決定從頭開始，在他心中有著灼灼燃燒的希望。

第二年，償還了所有的債務後，他賺了五萬美元純利潤。但是，好景不長，一場大火燒毀了他的主要餅店，損失了十五萬美元，保險公司根據投保的財產，只支付給他一萬三千美元。

達美樂幾乎破產了，但湯姆還是沒有放棄，他儘量削減開支，想盡一切辦法來彌補火災造成的損失。就這樣，湯姆又一次開始了披薩的生產。

一九六七年四月一日，第一家達美樂授權專營店開業了。

湯姆的律師提醒他，事業擴展要慢一些，要把注意力更多地放在經營現有的生意上。湯姆沒有耐心去考慮太多的法律細節，將生意規模不斷地擴大起來，他還像以前那樣辛勤地工作著。

他的努力沒有白費，一年半以後，達美樂又重新崛起了。達美樂已經發展到十二家分店，還有十二家正在籌備中，人們開始邀請他講述成功經驗。

作為一個企業，達美樂正在走向成熟，人們紛紛傳言達美樂要通過公開出售股份而成為上市公司。湯姆異常興奮，在接近十年中，每星期七天，每天十六到十八個小時的工作終於得到了應有的回報。

他的成功太出色了，簡直難以置信。在隨後的十八個月裏，湯姆出現了資金短缺，整個達美樂陷入了財政危機。管理混亂，現金到處亂放，而且，因為達美樂無法支付服務費，賬目管理公司也退了出來。沒有金融證明，湯姆根本就不知道自己究竟擁有多少財產。他很難相信帳本上寫的一百五十萬美元的資產。

他又一次走到了破產的邊緣。

「我們過度地擴張，在一些地區，當首批店鋪還沒有完全建設好之前，我就急於增加新店。」湯姆解釋說，「另一個失誤就是讓沒有經驗、沒有接受過訓練的經理經營新店，同時，辦公室機構臃腫，人浮於事。」

幾個月前還讚揚他的商業機構，現在把他看做是最大的傻瓜。為了拯救達美樂，湯姆孤注一擲，開始尋找合作夥伴來幫助自己，但沒有找到。

一個曾經給達美樂提供大量貸款的銀行建議湯姆，吸收一個當地商人參與生意，此人對扭轉處境困難的公司局面頗有經驗。

一九七〇年五月一日，湯姆．莫納根很不情願地失去了對公司的控制權，他將自己的部分股份賣給銀行，將剩餘的利息交給那位合作商人。

他簽署了一項協議，他可以繼續做總裁，但沒有任何權力。湯姆的個人財產很少，還是開著老式的破舊汽車，他擁有的傢俱只是幾張床和一套廚房用具，很明顯，湯姆從來沒有揮霍過錢。

為別人工作是令湯姆感到痛苦的事，但這讓他避免留下破產的檔案記錄。新的管理者關閉了不贏利的店鋪，裁減了人員，並且清算了剩餘資產。湯姆被任命負責十二家分店。當他奔波於這十二家分店時，為了省錢，他就睡在汽車裏。

十個月後，那位當地商人想要退出，並判定達美樂沒有任何前途。考慮到達美樂即將被清算，那位商人同意承擔湯姆的一個授權店，並將股份歸還給湯姆作為回報。

湯姆重新接管了達美樂，他請求債權人和銀行給他一段時間將生意恢復起來，並保證償還所有債務。大多數人都表示同意。

然而他的專營店授權商們並不富有同情心，他們以反托拉斯的訴狀將達美樂送上了法庭。接到傳票後，湯姆坐在桌旁哭了。

在接下來的九年裏，湯姆緩慢地恢復著生意，償還著一筆筆債務。其中的五年時間，湯姆擊退了一個侵犯達美樂商標權的糖業生產商。

在萌芽中的披薩生意競爭中，湯姆努力經營著達美樂，並使之生存了下來。但湯姆所做的不僅僅是使達美樂生存下來。他可以在三十分鐘內將一個美味而滾燙的披薩送至顧客家中，從而使達美樂餐館享有無可比擬的聲譽。

這使得達美樂成為世界上最大的送貨上門的商業機構，而湯姆本人也以佔有公司百分之九十七股份的財產，成為美國最富有的企業家之一。

儘管湯姆經歷了非常艱難的童年時代、財政最為拮据的日子，而且受到的教育也僅僅比高中教育多一點，但湯姆達到了成功的頂峰。

湯姆本來有眾多的理由找藉口解釋失敗並放棄努力，但在湯姆的人生字典裏沒有「放棄」這個詞，只有「堅定不移」。

智慧點滴

在成功的人的字典裏沒有「放棄」這個詞，只有「堅定不移」。他們認為所有的挫折都是吸取教訓的工具。他們把挫折當成成功的墊腳石，而不是失敗。

錦囊7 不要因挫折而喪失信心

成功與失敗的結果猶如天堂與地獄，但是你知道嗎？它們的差距可能沒有你想像中的大，只要肯再多努力一點點，成功離你並不遠。

大家都知道電話的發明人是美國的貝爾，但是許多人可能不知道，另外一位德國人才是這項發明的先驅。

德國有一位中學老師叫做李司，早在貝爾發明電話之前，他就已經發明可以傳達聲音的電話。只可惜，李司發明的電話，所能傳達的只有口哨聲，其他的聲音通過話筒，都只會變成一些嗡嗡的聲音。李司研究了很久，始終沒有辦法突破這些障礙，到了最後，他只好心灰意冷地放棄。

很久之後的一天，貝爾也致力於電話的研究。他在檢視李司的發現時，發現李司犯了一個很大的錯誤，導致他所設計的電話不能傳達人聲。

貝爾繼續李司的研究，實驗許多方法來改進李司的電話，後來，他只是將李司電話裏的一枚螺絲放大了千分之一寸，從此，人類的聲音就可以清晰地傳達到話筒的另一端了。相對的，如果李司當初痛下決心，咬緊牙關突破這千分之一寸的障礙，那麼，我們的歷史上可能根本不會出現貝爾這一號人物。電話發明家這項榮譽，應該是由李司擁有的。成功與失敗的距離只有千分之一寸，僅這麼一點點的突破，卻形成截然不同的結果。當你遇到瓶頸，遇到挫折時，不要太灰心，這代表你和成功的距離只差眼前的這一面牆了，只要再向前一步，自然別有一番天地。

銅牆鐵壁不是盡頭，哪一座城堡前面沒有護城河？你可以選擇回頭，也可以勇敢突破，成功與失敗有時僅僅相差一秒鐘而已。

智慧點滴

不論前途如何，不管會發生什麼事情，我們都不要失去希望：希望是一種美德。

錦囊 8

勇於承受困難的考驗

沒有承受困難的能力，就沒有希望了。

做人如水，做事如山。

泛華集團的董事長和首席執行官潘傑客，曾經在鳳凰衛視亮相。

潘傑客出生在一個高級知識分子家庭。一九八九年，他跨出了國門，到了世界另一邊——美國去體驗人生。他有一個夢想：邀集中國最傑出的藝術家到紐約世界藝術殿堂——卡內基音樂廳去演出；讓美國和世界感受東方藝術精華。

其實，這樣的夢有許多人想過，做過，但沒有人做成功。「沒有人做成的我來做！」抱定這個夢想，他開始行動了。潘傑客為此「上躥下跳」，幾乎使出了渾身解數。他先用了一個多月時間說服了一位企業家投資，然後又衝破阻礙，在中美之間來往穿梭，進行疏通。

兩個多月後，企業家看到事情仍然沒有眉目，就決定撤資了，原先潘傑客團隊的成員一看希望渺茫，也紛紛散夥了，潘傑客成了光桿司令，身邊的人紛紛離他而去。眼前面臨的是，簽證拿不到，演員出不來，資金也沒有，演出就要泡湯了。潘傑客說：「這是我一輩子經歷的最慘的局面。」

記得有一天，他孤獨地坐在房間，反覆對自己說：你是惟一對這件事有興趣的人，如果你撤退了，這事情就徹底失敗了，如果你能堅持下去，這個事情還有一線希望。潘傑客說，那時，真的連跳樓的心都有。最後他告誡自己：「你一定要挺住，挺住了就能看見希望。」

潘傑客終於站了起來，他重新把投資企業家拉了回來。又冒著風險向媒體宣布：演出將如期舉行，讓媒體為演出造勢。其時，演員的簽證還沒拿到。同時，潘傑客迅速飛回中國北京邀集演員。很快在一周內，與被邀請的毛阿敏、劉歡等中國頂級藝術家們達成了一項幾乎不可能的協定：所有藝術家將免費演出。

一九九四年一月廿八日，來自中國的演出終於在紐約卡內基音樂廳如期舉行。中國優秀藝術家們首次登上了這座世界著名的神聖藝術殿堂。現場座無虛席，觀眾中還有特別邀請的二十多個國家的大使和兩百多位外交官員。

在滿堂觀眾雷鳴般的掌聲中，在世界著名媒體頻頻閃動的閃光燈中，潘傑客陶醉了！那一刻，他知道，他的夢想成功地實現了！當初差點要自殺的潘傑客，在掌聲中驗證了自己的成功。這掌聲是怎麼來的呢？就是堅持來的！

日本大名鼎鼎的「推銷大王」高木，當年在進入推銷界的初期，也是一切都不如意。他每天跑三十幾家公司去推銷影印機。在戰後百業待興的時期，影印機是一種非常昂貴的新型商品，絕大部分機關和公司都不會購買。大多數機構連大門都不讓進；即使進去了，也很難見著主管。只好設法弄到主管的住家地址，再登門拜訪，而對方往往讓他吃閉門羹：「這裏不是辦公室，不談公務，你回去吧。」

第二次再去，口氣更為強硬：「你還不走，我可要叫警察了！」

頭三個月的業績為零，他連一台影印機也沒有賣出去。他沒有月薪，一切收入都來自交易完成以後的利潤分成。沒有做成生意，就沒有一分錢收入，他身上經常一文不名，出差在外時住不起旅館，只好在火車站候車室過夜。但他仍然堅持著。

有一天，他打電話回公司，問有沒有客戶來訂購影印機。這種電話他每天都要打，每次得到的都是值班人有氣無力地回答：「沒有。」但這一天，回答的口氣不同了：「喂，高木先生，有家證券公司有意購買，你趕快和他們聯繫一下吧。」

簡直是奇蹟。這家公司決定一次購買八台影印機，總價是一百零八萬日圓，按利潤的百分之六十算，高木可得報酬超過十九萬日圓。這是他的第一次成功。從此以後，時來運轉，他的銷售業績直線上升，連他自己都覺得驚訝。

進入公司半年以後，高木已經是公司的最佳銷售員了。他覺得，自己之所以能夠成功，是因為他將整個生命都投入到這個工作中去了，即使挫折也不能把他打倒，他一定要堅持，成功也一定會來臨。

後來，高木成為了日本著名的推銷界人士，成為了日本的「推銷大王」。

十五世紀，人們知道地球是圓的，但還不知道它有多大，大海有多寬。廿五歲的哥倫布站在葡萄牙的海岸上想：只要這茫茫大海比馬可．波羅跋涉過的陸地窄一些，我就搞一艘船到那盛產黃金和香料的東方大陸去發跡。

通過閱讀托勒密的《地理學》，他得知，歐亞大陸佔據了北半球的一半，從葡萄牙出發，橫跨大西洋，必定能到達印度；皮埃爾．阿伊利的《世界形象圖》告訴他，隔在印度和歐洲之間的大西洋不算寬，順風航行，要不了幾天就能穿越，他激動地做了兩千多個旁注。

馬可．波羅，他的義大利老鄉，說中國、印度和日本遍地都是香料，黃金用來蓋房子、做窗框，他在《馬可．波羅遊記》上寫了兩百多個眉批；《早約》也成了他的參考書，其中有一句話：「你應將水集合於大地的第七部分，使其餘的六部分乾涸。」

哥倫布據此推測：歐、亞、非三個大陸塊占了地球表面的七分之六，海洋只占七分之一，因此，馬可．波羅走過的是一條費力不討好的路。他還聽海員們說，偶爾有浮屍隨著海風流漂過來，看起來既不像歐洲人又不像非洲人。這一切激勵著哥倫布的狂想。很少有人像他這樣，對種種猜測和傳聞那麼信以為真。但他剛剛脫離海盜生涯，窮困潦倒，卻成天想著漂洋過海、想著無窮的黃金和顯赫的地位。

他是當真的。他在葡萄牙踏實地提高航海技術，熟悉各種新型航海儀器，學習現有的海圖、探險故事和遊記。

廿六歲那年，他參與了前往冰島的遠航，這次探險成功後，他比過去更加藐視大西洋了。現在，他需要征服的是擁有財富和權勢的人，他自己當一輩子海員或海盜也無力組織起一支海上遠征軍。

他向葡萄牙王室兜售幻想中的黃金國，要價很高：要求封他為佩戴金馬刺的騎士、在他和他的繼承人的姓名前冠以表明貴族身分的「堂」字，授予他海洋大將軍頭銜、任命他為殖民地的終身總督、從殖民地搜刮來的財富中分給他十分之一……葡萄牙王室對此計畫考慮了四年，然後把它否決了。

在這四年中，他的妻子去世了，他的兒子長大了。他帶著兒子、航海圖、某人的推薦信以及日益瘋狂的雄心壯志，又前往西班牙王國。

在巴羅斯港登陸時，父子倆衣衫襤褸、污漬斑斑，一副叫花子的模樣，事實上，他們的處境已經和叫花子一樣了，他們連住酒店的錢都沒有，只好在修道院借宿。見到國王時，哥倫布把符合自己想像的世界地圖拿出來，試圖引起國王的興趣。國王讓他回去等，他就在焦灼中苦熬著，靠宮廷的施捨和賣書報的微薄收入度日。當王后托人捎給他一筆錢、讓他打扮得體面些去見國王時，又是六年過去了。

西班牙國王願意為他組建一支船隊。但是哥倫布提出的條件讓王室成員啼笑皆非，他，一個窮途末路的乞丐，竟然想一下子成為貴族、總督，將來還要和國王一起瓜分殖民地的財富。他一無所獲地離開了西班牙王宮。他準備去遊說另一個國家、經歷又一場「可怕的、連續的、痛苦而長期的戰鬥」、再荒廢不知多少年的生命，直到狂想變為現實。

在離開西班牙的路上，王后的使者追上了他，把他召回了王宮。然後，王室與他簽訂了開拓殖民地的協定，接受了他所有的條件。

原來，在西班牙的內戰和擴張中，許多功勳卓著的騎士和軍人需要用土地來賞賜，王室沒有足夠的土地，哥倫布的瘋狂計畫，正好有助於解決這個問題。

很多年輕人在職業生涯遭到挫折的時候，輕易地放棄了，轉而從事不適合自己、也不能引起自己熱愛的職業，勉勉強強做下去。有些人知道堅持下去還會看到希望的，但是，由於對挫折的厭倦使他們放棄了希望。

別人的言行也影響著他們的決定。有人說，你在做一件注定不能成功的事。有人說，你沒有這方面的天賦，你為之付出是愚蠢的，你在虛度年華。一同奮鬥的夥伴紛紛退出，也使他們感到孤獨、無望。

在日常生活中常有一些壯志未酬的人悔不當初，只能在懊悔和對別人財富和地位的羨慕中度過餘生。

或許有的人大半生都一帆風順，積累財富，廣交朋友，聲望日隆，個性彷彿也很堅忍。但災難突降，他們失去了所有的一切。他們被擊倒了，絕望了。物質的損失吞沒了他們生存的勇氣。

經歷了如此沉重的打擊，人人都會覺得希望渺茫。但是，即使是一個無知到不會寫自己名字的人，如果他有堅忍的承受力，他還是有希望的；只要有勇氣，就有希望。

如果經受一次打擊就灰心喪氣，難以自拔，毫無鬥志，那他就沒有希望。這正是考驗他的時候，在失去了所有身外之物之後，他還有自己！如果躺在地上，四腳朝天，心裏承認自己很差勁，那就與死無異了。

如果他仍然勇氣十足，絕不放棄，如果他蔑視困難，決心從頭再來，那麼，他就是一個真正的男子漢。

精神極度沮喪的時候，保持理智和樂觀是很難的，但就是這樣，才能真正顯示我們究竟是怎樣的人。

什麼時候最能顯示一個人的真實才幹呢？當他事事不順又遭人鄙棄，而仍能堅持的時候！

這麼多人的事蹟在你的面前，你最後決定如何呢？是否為了你的成功而堅持下去呢？

智慧點滴

堅持的可貴在於精神，而不在於結果：不懈努力的心態對行動的影響才是決定成敗的關鍵。別人都已放棄，自己還在堅持；別人都已退卻，自己仍然向前；看不見光明、希望卻仍然孤獨、堅韌地奮鬥著，這才是成功者的素質。

錦囊9

要善於控制自己

要記住，歷史上所有偉大的成就，都是由於戰勝了看來是不可能的事情而取得的。

「節制」兩個字說容易，做起來卻很難，有時候就算已經提醒自己要節制，但還是會不由自主地被外在環境誘惑和影響。

有一個商人，在商店的櫥窗上貼了一張徵人廣告：「誠徵一個能自我克制的年輕人，薪水每星期六十美元。」

這個特別的徵人廣告在小鎮裏引起了討論，也引來了眾多躍躍欲試的求職者，但是，每個來求職的人都要經過一個特別的考試。

商人要求求職者必須在他的辦公室裏，毫不間斷地朗讀一段文章。可是，在閱讀開始的時候，商人會放出六隻小狗，小狗們在求職者的腳邊玩鬧，每個求職者都會忍不住地看看這些可愛的小狗，視線一轉移，朗讀就會停止，當然求職者也就失去機會了。

商人前前後後面試了七十個人，卻沒有一個人達到標準。最後，終於出現了能一口氣讀完的求職者。

商人很高興地對這位求職者說：「我想你應該知道有小狗存在。」

求職者點點頭，並且微微一笑。

「那麼，為什麼你不看牠們呢？」

求職者回答：「因為我說過，我會毫不停頓地讀完這一段。」

商人讚賞地點點頭說：「你被錄用了，我相信你以後一定會成功的。」

商人說得沒錯，這個年輕人日後果然成了著名連鎖企業的經營者。

我們經常可以看到打架鬧事、酒醉駕車等醜態百出的新聞，這些都是因為不懂得節制才會造成的後果。

一個知道節制的人不會做出越軌的事，更不會因為一時的誘惑而破壞原本的計畫，所以，如果你想成功，就必須懂得控制自己、懂得抗拒誘惑，那麼，你才能循著自己的目標，獲得理想的成果。

自制是一種能力，一種可貴的自我限制行為。快樂源於自制，只有做到自制，才會心安理得，才會快樂。

什麼叫自制呢？就是自己克制自己。我國古代聖賢早就說過「克己」，也就是自制的意思，我們的老祖宗雖然早就提出了「克己」，但是，我們在「克己」方面還有許多事情要做。相較而言，「老外」在「自制」方面與我們在「克己」方面毫不遜色。

人生是不完滿的，所以，我們對於日常工作、生活中種種吃虧，不如人意的事不必介意。要使我們的世界變成美好的人間，除了感受幸福以外，還需要大家自制，只有做到自制的人生才會快樂。

一個美國商人，他經常到中國做生意。有一次，一筆生意成交以後，中方宴請他。中方聽說這個美國商人十分喜歡吃紅鱒魚，席上，主人特意請著名廚師做了一道名菜：清燉紅鱒魚。

這道菜上來以後，美國商人眼睛一亮，看得出，商人真的很喜愛這道菜。奇怪的是，商人夾了一塊魚肉以後，還沒有送到嘴裏就又送了回去，放下筷子不吃了。

主人忙問其故，商人說，這是一條有籽的紅鱒魚，美國法律規定，要保護生態環境，不能吃有籽的母魚。主人連忙說，這是在中國，不是美國。中國並沒有這樣的法律，美國商人說，我是美國人，走到哪兒，都要遵守美國的法律。

主人很尷尬，再次勸美國商人說，即使是這樣，這條紅鱒魚已經燒熟了，不吃浪費了，豈不可惜！美國商人卻說，即使浪費了，我也不能吃，美國商人自始至終都沒有碰這條紅鱒魚。

上面說的這個故事中的美國商人是在沒有任何外界壓力的情況下的一種自制行為，是在自覺地履行道德上的某種義務。

所謂道德義務，意味著行為者要犧牲某些個人的既得利益，作出對社會，對個人有利有益的行為，而行為者本人則自覺地將自己的行為視作一種責無旁貸的職責和使命。

如果一個人有很強的自制能力，那麼，這個人一定能夠戰勝自我，遠離禍害，做到快快樂樂。如果不幸遇到禍害，他一定能夠泰然處之，化禍為福，讓自己快樂。可見，自制對快樂的人生是極其重要的。

如果你想成功，就必須懂得控制自己、懂得抗拒誘惑，那麼，你才能循著自己的目標，獲得理想的成果。

人作為物種進化的頂峰，不同於其他生物的一個最重要的特徵之一，就是其對自我的巨大控制能力。

我們之中的很多人，在身心上，既從未遭遇過任何重大打擊，也從未體驗過任何極度快樂。曾有人說過，苟且活著，與埋在地下只不過數尺之差。

一個世紀之前，愛默生說過這樣的話：「多數人都是寂靜地活在消沉之中。」當人類跨入廿一世紀的時候，很不幸，愛默生說過的這句話更適用於我們當中的一些人。

很多人對自己的人生感到無奈，想得到的得不著、想避開的卻躲不掉，人生過得極為無趣無味。當前人們最大的危機，就是情緒上的「低迷」，如何讓大家的心再跳躍起來，實在是我們共同應該努力的方向。

絕大多數的人有個錯覺，認為情緒是完全無法控制的，它是一種自然的制約反應，這個錯覺使大家視情緒如病毒，當我們的「心理體質」不佳時就會被入侵；有時候我們也把情緒看成是理智的「堂兄弟」，會拖累理智所能發揮的力量，甚至，有時候，我們的情緒只不過是對別人所言或所為的直覺反應而已。

到底這些看法有何共同之處呢？那就是認為它是個猜不透的東西，是我們所不能掌控的。

你是否苦於無法控制自己的情緒，常常在大發脾氣後懊悔不已？忘記過去的痛苦經歷吧，學習一下控制情緒的方法，儘量把握情緒！

人們處理情緒的方法有四種：

一、**逃避**。我們每個人都希望避開痛苦的情緒，然而有些人因為矯枉過正，結果連那些他想得到的情緒也失去了。譬如說他們害怕失望，因此，極力想避開會導致失望的情況，如畏於拓展人際關係、不敢接受挑戰性的工作，當一個人有這種現象時就如同掉進陷阱之中。就短期來看，他是避開了會使他失望的可能，可是，卻也失去了能使他得到關懷和信心的機會，也許這正是他渴望得到的情緒，除非你完全失去感受的能力，否則，你就免不了有情緒，一心想躲避自認為是負面的情緒並不是辦法，積極的做法是，你應該從這些負面的情緒中挖掘它正面的意義及功能。

二、**否認**。經常有些人不願讓惡劣的情緒為他人所知曉，便會這麼說：「我並不覺得有那麼糟。」然而，他們的心裏卻一直惦記著那些事，為什麼自己就那麼「衰」，為什麼別人會想占自己的便宜，或為什麼自己已經盡了力卻仍不如意？他們就只會往這些負面方面想，卻不去想如何來改變。一個人如果真的遇上不如意，卻想一味地隱瞞，這不僅於事無補，反會帶給自己更多痛苦；如果一味不清理情緒所帶來的訊息，那也不會使你覺得更好受，反倒可能更加強了那種負面的情緒，直到最後你不得不正視。處理這類情緒最好的方法不是漠視，而應是去瞭解它的成因，從其中找出有利於你的策略。

三、**屈服**。有些人對痛苦的情緒很容易就屈服了，甚至甘於被其蹂躪。他們無心從其中學得寶貴的教訓，反倒刻意加強它們的威力，甚至於還不服氣地對別人說：「你們以為能夠應付得來，讓我告訴你們，它遠比你們所想的困難多得多。」當他們說這個話時，就真覺得好像是在說一個事實，好像自己遇到的是別人所未曾經歷過的，自己能有此經歷是件值得驕傲的事。各位可以想見，一個人如果常常有此舉動，那就真是掉進致命的陷阱裏，若不盡全力抽出身來，人生最後就必然如他自己所預言的一樣，潦倒一生。處理痛苦情緒最有效、最健康的方法，就是要學會看出它對你的正面意義。

四、**學習與應用**。如果你真想度過有意義的人生，那麼，就得讓情緒為你所用。正如前面曾說過的，只要你有感受的能力，就擺脫不了各種情緒，所以你別想逃離它、別想消除它，別想視而不見它、別想歪曲它的意義，當然，更別想讓它掌控你的人生。情緒，就算是會帶給你短期的痛苦，但它絕對是一座你內心的指南針，指引你應走的方向，以得到所想追求的目標。如果你不曉得如何使用這座指南針，那麼，就如行駛在心理的狂風暴雨之中，永遠找不出一條脫困的航線。

許多心理治療理論都是基於這個假設：

情緒是我們的敵人，要想治癒就惟有回歸過去，這個假設錯得很離譜，事實上，只要我們願意改變意願，只要我們有心打斷先前的想法，而這種意願又強烈的話，那麼，在轉眼之間，我們的哭聲便可化為笑聲。

佛洛伊德的心理分析一直想挖掘過去那些「深埋且隱藏的秘密」，其原因就是認為能夠用以解釋現在的問題。

然而，我們都知道，如果你一直在尋找某一樣東西，那麼就必然會找到那樣東西。如果你不斷尋找現在痛苦的過往原因，或為何會遭此等「不幸」，那麼，你的腦子就會提供給你理由，讓你能為這些負面情緒自圓其說。

為何不採取這種想法，「我的過去並不就等於未來」，忘掉過去而重新開始，將會使你的人生過得更好。

要想有效利用情緒，首先就必須認知「一切情緒都得朝向積極面來運用」，然後，從中好好學習、妥當運用，使之能讓你得到更美好的人生。

要記住這句話：「你所認為的負面情緒，本質上都是要你拿出積極的行動。」

為了讓你改變對負面情緒的認知，希望你能將其改稱為「行動訊號」，當你逐漸熟悉了各個訊號及其所帶來的訊息，那麼，你就不再會視先前所認為的負面情緒為敵人，而會視為是盟友，是朋友、是老師、是教練，它們將會指引你走出人生的低谷，攀上高原。

當你學會如何運用這些訊號，那就不再會無由地恐懼，進而敢於嘗試各種挑戰，使人生過得更加豐富。要想臻於此等地步，你就一定得改變對情緒的慣有想法，不要任由它帶著起舞，而要代之以理性的思考，讓自己拿出行動來，朝向更高品質的人生邁進。

如果你一味只想逃避負面的情緒，人生變得很難掌握，最後就會陷於極大的危機之中。所以，一定要記住，一切的情緒對我們都很重要、都有價值，千萬不要暴殄上天所賜給你的這些寶貴資源。

智慧點滴

事實上，只要我們改變意願，只要我們有心打斷先前的想法，而這種意願又夠強烈的話，那麼，在轉眼之間我們的哭聲便可化為笑聲。「過去的並不等於未來的」。忘掉過去而重新開始，將會使你的人生過得更好。

錦囊10

堅持到底就能成功

你們認為我是命運之子，實際上，我卻在堅持創造著自己的命運。

荀子說：「騏驥一躍，不能十步，駑馬十駕，功在不舍。」「水滴石穿，繩鋸木斷。」成功貴在堅持，要取得成功就要堅持不懈地努力，很多人的成功，也是飽嘗了許多次的失敗之後得到的，我們經常說什麼「失敗乃成功之母」，成功誠然是失敗的獎賞，但卻也是對堅持者的獎賞。

古往今來，那些成功者們不都是依靠堅持而取得成就的嗎？

被魯迅譽為「史家之絕唱，無韻之離騷」的《史記》，其作者司馬遷，享譽千古的文學大師，可是他是在什麼樣的情況下取得這麼偉大的成就的呢？

漢武帝為了一時的不快，閹割了堂堂的大丈夫，那是多麼大的恥辱啊，而且，這給司馬遷帶來的身心傷害是多麼地巨大！我們這些正常活著的人是無法想像的。

司馬遷遭閹刑了以後，只能在四處不通風的炎熱潮濕的小屋裏生活，不能見風，不能再無畏地欣賞太陽花草，換一個人簡直就活不下去了。

司馬遷也曾想過死，對於當時的他來說，死是最容易的解脫方法了。

可是他還有夢想，他的夢想就是寫一部歷史的典籍，把過去的事記下來，傳諸後世，別讓歷史把一切都淹沒了。

為了這個夢，他堅持了下來，堅持著忍受了身體的痛苦，堅持著忍受了別人歧視的目光，堅持著在嚴酷的政治迫害下活著，發憤繼續撰寫《史記》，並且終於完成了這部偉大的著作。

他靠的是什麼？還不是靠堅持而已，要是他在遭受了腐刑之後，喪失了一切鬥志，不堅持寫《史記》，那麼，我們現在就再也看不到這本巨著了，也吸收不到他的思想精華。所以，他的成功，他的勝利，最主要的還是靠堅持。而相比來說，他的著作所帶給我們的震撼反而其次了，他的堅持精神給了我們更多的激勵和鼓舞。

外國名作家傑克·倫敦，他的成功也是建立在堅持之上的。

就像他筆下的人物「馬丁·伊登」一樣，堅持、堅持、再堅持，他抓住自己的一切時間，堅持把好的字句抄在紙片上，有的插在鏡子縫裏，有的別在曬衣繩上，有的放在衣袋裏，以便隨時記誦。正是由於他這種長期堅持的精神，所以他成功了，他的作品被翻譯成多國文字，在我國的書店中，他的作品放在顯眼的位置，赫然在目。當然，他所付出的代價也比其他人多好幾倍，甚至幾十倍。成功是他堅持的結果。

功到自然成，成功之前難免有失敗，然而，只要能克服困難，堅持不懈地努力，成功就在眼前。在我們現在的生活、工作、學習中，一定要學會堅持，只有堅持才能取得成功，所以說，堅持帶來勝利。

石頭是很硬的，水是很柔軟的，然而，柔軟的水卻穿透了堅硬的石頭，這其中的原因，是堅持的結果。

有個年輕人去「微軟」應聘，但公司並沒有刊登過招聘廣告，總經理疑惑不解，他就問這個年輕人，年輕人用不太嫻熟的英語解釋說自己是碰巧路過這裏，就貿然進來了。

總經理感覺很新鮮，破例讓他一試。面試的結果出人意料，年輕人表現糟糕。他對總經理的解釋是事先沒有準備，總經理以為他不過是說個托詞下臺階，就隨口應道：「等你準備好了再來試吧。」

一周後，年輕人再次走進微軟的大門，這次他依然沒有成功。但比起第一次他的表現要好得多。而總經理給他的回答仍然同上次一樣：

「等你準備好了再來試吧。」

就這樣，這個青年先後五次踏進了「微軟」的大門，他最終被「微軟」錄用，成為重要培訓人員。

我們常常會在黑暗中摸索，有時需要很長時間才能找到通往光明的道路。以勇敢者的氣魄，堅定而自信地對自己說一聲：「再試一次！」再試一次，你就可能到達成功的彼岸。

有人問「太太口服液」的董事長朱保國：你成功的秘訣是什麼？他說：「堅持！」

他又問第二個呢？他說：「堅持！」當他問第三個秘訣時，朱保國的問答還是：「堅持！」

難怪曾指揮「太太口服液」全國銷售大軍贏利億萬、立下汗馬功勞的常務副總單以山說：「我跟誰都說，你去買太太藥業的股票，一定會賺到錢，因為，有朱保國朱總在……」

當所有人都在說你是瘋子時，你在堅持！當周圍人都離你而去時，你還在堅持！甚至當你家破人亡時，你還在堅持！你就一定會成功地達成你的目標！

韓國足球隊為什麼能衝入世界盃前四強，「韓魔教練」說：我絕對不會說「這樣足夠了」或「已經沒有辦法了」這樣的話，我要求隊員們努力、努力、再努力，堅持、堅持、再堅持。

足球的管理和企業管理實際很相似，「韓國足球」正像世界所有成功的企業一樣，有幸遇到了一位「堅持」達成目標的「魔鬼CEO」希丁克，加上願為團隊目標不惜犧牲自己的偉大球員們，韓國足球隊不成功——天地難容！

記住這句話：再長的路，一步一步總能走完；再短的路，不去邁開雙腳，將永遠無法到達。再多一點努力，多一點堅持，你會驚奇地發現，空氣裏到處都穿行著絢爛的成功之花。

智慧點滴

再長的路，一步一步總能走完；再短的路。不去邁開雙腳，將永遠無法到達。再多一點努力，多一點堅持，要取得成功，就要堅持不懈地努力，很多人的成功，也是飽嘗了許多次的失敗之後得到的。

第二章

為人處事，寬容豁達

★用豁達的心態為人處事
★以寬容的心態對待他人
★為人處事要將心比心
★後退一步天地寬
★看人不要太片面
★善於聽取他人的意見
★先拿出自己的誠信來
★待人說話應委婉
★坦誠面對他人的揶揄
★豁達容人，合鑄大業

錦囊11

用豁達的心態爲人處事

豁達的心態可以使你經常處於良好的心理狀態，擁有很好的人際關係，也使你的意志免於受到不必要的考驗。有這樣一個例子：

美國成人教育專家戴爾·卡內基可以說是處理人際關係的「老手」，然而在早年時，他也曾在這方面犯過小錯誤。

有一天晚上，卡內基參加一個宴會。

宴席中，坐在他右邊的一位先生講了一段幽默故事，並引用了一句話，意思是「謀事在人，成事在天」。這位健談的先生同時還說明，他所引用的那句話出自《聖經》。當時，卡內基立刻發現他說錯了，因為，他知道這句話毫無疑問是出自莎士比亞的著作。

為了表現優越感，卡內基很認真地糾正了那位先生的說法，當著眾多人的面，他這樣做多少有些討人嫌。果然，對方面子上一時過不去，便惱怒地反唇相譏：「什麼？出自莎士比亞？這絕不可能！」

卡內基還想再繼續爭辯，此時，他的老朋友法蘭克．葛孟正坐在他左邊，葛孟研究莎士比亞的著作已有多年，於是，卡內基就向他求證。沒想到葛孟卻說：「戴爾，你錯了，這位先生是對的，那句話是出自《聖經》。」同時，他還在桌下踢了卡內基一腳。

在回家的路上，卡內基對葛孟說：「法蘭克，你明明知道那句話是出自莎士比亞。」

「是的，當然。」葛孟回答，「在哈姆雷特第五幕第二場。可是，親愛的戴爾，我們大家都是宴會上的客人，你為什麼一定要證明他錯了呢？那樣會使他喜歡你嗎？他並沒有徵求你的意見，在這個無關緊要的小問題上，為什麼不留給他一些面子呢？」

是啊，一些無關緊要的小錯誤，不理會也無傷大局，那就沒有必要去糾正它。

古人所說的「難得糊塗」不就是這個道理嗎？這不僅僅是為自己避免了不必要的煩惱和人事糾紛，而且也顧及到了別人的名譽，不致給別人帶來無謂的煩惱。這樣做，除了給自己營造出一種友善、和諧的人際氛圍，更能體現你做人的度量。

一個炎熱的下午，一位顧客不小心在飯店大廳裏跌了一跤。炎熱的天氣本來就使人心煩氣躁，現在又當眾出醜，顧客不禁怒火高漲，他甚至顧不得穿上摔掉的一隻鞋，光著腳就闖進了飯店經理的辦公室，指著經理大聲嚷道：「你們的地板太滑了，剛才害我摔了一跤，現在腰痛得要命！你們必須馬上送我去醫院檢查。」

經理見狀，並沒有急著分清責任，而是陪著笑臉安撫顧客，並立刻派了車送顧客去醫院，還為他體貼地找來了替換的拖鞋。

等顧客離開辦公室後，經理才把顧客換下的鞋子交給服務生，並囑咐說：「客人的鞋底已經磨得太光滑了，你送到外面的修鞋處修理一下。」

顧客在醫院檢查完畢，身體沒有發現任何異常狀況。回到飯店後，經理高興地表示說：「沒問題就好！真是萬幸啊，請您回房間休息吧，我派人送些飲料上去讓您解解暑。」

此時，顧客已經開始為自己先前的態度和做法感到有些內疚。

「請恕我們冒昧，」經理又拿來已修好的鞋子，對顧客說，「您的鞋子我們已經找人幫您修理了一下，據鞋匠說，鞋底都磨平了，若是穿著它在樓梯上滑倒，那可就太危險了！」

那位顧客面帶愧色，接過修好的鞋子，不好意思地說：「其實摔倒了也有我自身的原因，不能只怪你們，剛才給你們添麻煩了，實在抱歉！修鞋的費用我來付，不能讓你掏腰包。」

「您太客氣了，為顧客服務是我們應該做的。」經理依然笑著說。

從事情發生到現在，經理的態度一直是謙恭有理，沒有半點怨言。顧客感動極了，他緊緊握住經理的手說：「請原諒我剛才的無禮和粗魯，真是對不起！」

在這件事情上，是經理的寬容大度贏得了顧客的信賴，從此以後，那位顧客經常與人談起這件事，他和他所影響的一批人成了這家飯店的常客，老闆也與他結為莫逆之交。

其實不論在什麼情況下，問題都有可能會隨時發生，這也是對你的一種考驗。

如果只會推卸責任、怨天尤人，那只能讓自己陷入孤立無援的境地。相反，用寬容和大度的姿態去處理問題、對待別人，才更能贏得尊重。

豁達的姿態不僅可以用於對別人，在自身碰到困難的時候，也不妨退一步想，從而體現出廣闊的胸懷和寬大的氣度。

大海裏生活的魚，不會遇到一點點風浪就驚慌失措；而小溪裏的魚就不同了，當感覺到有一點點異常動靜時，就會立刻四處逃竄。人也是這樣，胸懷狹窄的人沒有一點氣度，常常爭先恐後地與他人爭奪蠅頭小利，一旦遇到一點問題和阻礙，又惟恐避之不及。

胸襟廣闊的人不會這樣，他們做事穩重、態度從容不迫，善於把目光投向生活的更深處。也只有放得開的人，才可能具備在任何時候都保持心態平衡的能力。

智慧點滴

如果只會推卸責任、怨天尤人，那只能讓自己陷入孤立無援的境地。相反，用寬容和大度的姿態去處理問題、對待別人，才更能贏得尊重。

錦囊12

以寬容的心態對待他人

寬容是一種博大而深邃的胸懷，是人類的最高美德之一。

寬容主要是指對於不同的生活方式、不同的價值觀、不同的言論、不同的宗教信仰等的理解和尊重，採取相容並包的態度，不把自己認為「是」或「非」的東西強加給別人。

《呻吟語》中說：「日不容一塵，齒不容一芥，非我固有也：如何靈台內許多荊榛卻自容得？」

唐朝人婁師德性格穩重，很有度量：他的弟弟當上了代州刺史，臨行之時，婁師德對弟弟說：

「我輔助宰相，你現在又管理一個州，受皇上的寵幸太多了，這正是別人妒嫉的，你打算怎樣對待這些人的妒嫉以求自免災禍呢？」

婁師德的弟弟跪在地上，對哥哥說：「從今以後，即使有人朝我臉上吐唾沫，我也自己擦去，絕不叫你為我擔擾。」

婁師德說；「這正是我所擔擾的。人家向你吐唾沫，是對你惱怒。如果你將唾沫擦去，那不是違反了吐唾沫人的意願嗎？別人會因此而增加他的憤怒，不擦去唾沫，讓它自己乾了，應當笑著去接受它。」

這可以說是寬以待人的極致了。當有人侮辱你時，能躲開就躲開，躲不開不妨忍下這口氣。

荀子認為「君子賢而能容霸，智而能容愚，博而能容淺，粹而能容雜。」

在生活中，我們隨時都會遇到一些人說對不起自己的話或做對不起自己的事，當別人對不起我們時，我們應當怎麼辦呢，是針鋒相對，以怨報怨呢？還是以寬容為懷，原諒別人呢？應當寬容之，理解之，原諒之，並以實際行動感化之。

孔子在《論語．陽貨篇》中指出，做人應力求做到「恭、寬、信、敏、惠」五字。因為「恭則不侮，寬則得眾，信則人任焉，敏則有功，惠則足以使人。」大千世界，凡是有人群的地方，就難免有矛盾，有勾心鬥角。

各種利害衝突使人不可能不發生摩擦。有君子，就有小人，有溫情，就有冷漠。

中國人歷來強調以和為貴，從不欣賞損人利己，踩著別人肩膀往上爬。

如何與人和睦相處，是中國傳統文化一直關注的問題。所以，中國人強調不多舌、不多事、不結怨、忍者安。

對於個人而言，寬容無疑會帶來良好的人際關係，自己也能生活得輕鬆，愉快。

對於一個團體而言，寬容必定會營造一種和諧的氣氛，利己利人。

因此，寬容即是建立良好人際關係的一大法寶。

智慧點滴

我們可以不同意別人的所想所為。但我們應當尊重別人的選擇，給別人自由思考和生活的權利！

錦囊13

爲人處事要將心比心

戰國時，梁國與楚國相臨，兩國在邊境上各設界亭，亭卒們也都在各自的地界裏種了西瓜。

梁亭的亭卒勤勞，鋤草澆水，瓜秧長勢極好，而楚亭的亭卒懶惰，不事瓜事，瓜秧又瘦又弱，與對面瓜田的長勢簡直不能相比。

楚亭的人覺得失了面子，有一天乘夜無月色，偷跑過去把梁亭的瓜秧都扯斷了。

第二天，梁亭的人發現後，氣憤難平，報告給邊縣的縣令宋就，說我們也過去把他們的瓜秧扯斷好了！

宋就說：「這樣做當然很解氣，可是，我們明明不願他們扯斷我們的瓜秧，那麼，為什麼再反過去扯斷人家的瓜秧？別人不對，我們再跟著學，那就太狹隘了。你們聽我的話，從今天起，每天晚上去給他們的瓜秧澆水，讓他們的瓜秧長得好，而且，你們這樣做，一定不要讓他們知道。」

梁亭的人聽了宋就的話後，覺得有道理，於是就照辦了。

楚亭的人發現自己的瓜秧長勢一天好似一天，仔細觀察，每天早上發現地都被人澆過了，而且是梁亭的人在黑夜裏悄悄為他們澆的，楚國的邊縣縣令聽到亭卒們的報告，感到十分慚愧，又十分地敬佩，於是把這件事報告了楚王。

楚王聽說後，也感於梁國人修睦邊鄰的誠心，特備重禮送梁王，既以示自責，也以示酬謝，結果，這一對敵國成了友好的鄰邦，兩國的人民快快樂樂的過著日子。

從這個故事可以看出，「快樂」的核心是用以己度人，推己及人的方式處理問題：這樣可以造成一種重大局，尚信義，不計前嫌，不報私仇的氛圍，又能體現雙方寬廣而又仁愛的胸懷。

其實，日常生活中又何嘗不是這樣！尤其是對初涉世事的青年來說，由於對一切都茫然無知，總是時時處處小心翼翼，左顧右盼地想找出事物的參照物來規範自己、約束自己，這種反應雖然是正常的，但殊不知有時以此處世，反而會導致初衷與結果的南轅北轍，導致大家都不快樂。

因為，在各人的眼中，自己的位置是各不相同的，並沒有統一的標準。

所以，不妨就按照「己所不欲，勿施於人」的原則，反求諸己，推己得人，則往往會有皆大歡喜的結果；反求諸己，易入情，由情入理，自然會由羞惡之心而知義，辭讓之心而知禮，是非之心而知恥。

自私自利之人，往往不懂得推己得人的道理，往往毫無顧忌地損害他人的利益，把苦惱轉嫁到旁人身上。以這種方式處世，就會走到哪裡，被人罵到哪裡，真正是既損人又損己，哪還有快樂可言。

智慧點滴

「己所不欲，勿施於人」，重大局，講信義，不計前嫌，不報私仇，這是人生快樂之根本。

錦囊14

後退一步天地寬

只有有為，方能無所不為；只有退幾步，方能大踏步前進！人生才會快樂。

記得一位外國學者這樣說：會快樂生活的人，並不一味地爭強好勝，在必要的時候，需要後退一步，做出必要的自我犧牲。

中國歷史上有許多這樣的例證。清河人胡常和汝南人翟方進在一起研究經書。胡常先做了官，但名譽不如翟方進好，心裏總是嫉妒翟方進的才能，和別人議論時，總是不說翟方進的好話。翟方進聽說了這事，就想出了一個應對的辦法。

胡常時常召集門生，講解經書。一到這時候，翟方進就派自己的門生到他那去請教疑難問題，並一心一意、認真地做筆記，胡常明白，這是翟方進在有意地推崇自己，為此，心中十分不安。後來，在官僚中間，他再也不去貶低而是讚揚翟方進了。

明朝正德年間，朱宸濠起兵反抗朝廷。王陽明率兵征討，一舉擒獲朱宸濠，立了大功。當時受到正德皇帝寵信的江彬十分嫉妒王陽明的功績，認為他奪走了自己大顯身手的機會，於是，散佈流言說：「最初王陽明和朱宸濠是同黨。後來聽說朝廷派兵征討，才抓住朱宸濠以自我解脫。」想嫁禍並抓住王陽明，以此作為自己的功勞。

在這種情況下，王陽明和張永商議道：「如果退讓一步，把擒拿朱宸濠的功勞讓出去，可以避免不必要的麻煩，假如堅持下去，不做妥協，那江彬等人就要狗急跳牆，做出傷天害理的勾當。」為此，他將朱宸濠交給張永，使之重新報告皇帝：朱宸濠捉住了，是總督們的功勞。這樣，江彬等人便沒有話說了。

王陽明稱病到淨慈寺休養。張永回到朝廷，大力稱頌王陽明的忠誠和讓功避禍的高尚事蹟。皇帝明白了事情的始末，免除了對王陽明的處罰。王陽明以退讓之術，避免了飛來的橫禍。

如果說翟方進以退讓之術轉化了一個敵人，那麼王陽明則依此保護了自身。以退讓求得生存和發展，這裏蘊含了深刻的哲理。

老子曾說：「無為而無不為。」意思是說，只有不做，才能無所不做，唯有不為，才能無所不為。就是說，無比有更加重要。不僅客觀世界的情況如此，人的行為也如此。人的「無為」比「有為」更有用，更能給人帶來益處，讓人更快樂。一味地爭強好勝，刀兵相見，橫徵暴斂，「有為」過盛，最終只能落得個身敗名裂的下場。這樣，還怎麼有快樂的人生呢？

然而，在人生的旅途中，應該什麼時候有為，什麼時候無為呢？無為和有為的選擇，取決於主客或雙方的力量對比。當主體力量明顯佔優勢，居高臨下，以一當十，採取行動以後，可以取得顯著的效果，應該有為。而當主體處在劣勢的位置上，稍一動作，就可能被對方「吃掉」，或者陷於更加被動的境地，那麼，便應該以退為進，堅守「無為」方是。無為只是一種權宜之計和求生手段，待時機成熟，成功條件已到，便可由無為轉為有為，由守轉為攻，這就是中國古人所說的屈伸之術、快樂之道。為此，我們提醒人們，在人生大道的某一個點上：只有有為，方能無所不為；只有退幾步，方能大踏步前進！

智慧點滴

人的「無為」比「有為」更有用，更能給人帶來益處，讓人更快樂。一味地爭強好勝，刀兵相見，橫徵暴斂，「有為」過盛，最終只能落得個身敗名裂的下場。

錦囊15 看人不要太片面

日本著名企業松下電器公司的總裁松下先生，有一次去工廠視察，當他走進工廠的冶煉車間的時候，看見一個從來沒有見過的小個子師傅正在開著車床，便走向前去問他是從哪裡來的。

那小個子師傅不認得這個人就是松下總裁，便從容地回答說：「我是從A工廠來的，想過來借用一下這裏的車床。」

A工廠是松下公司委託的一個加工原器件的工廠，按照合同約定，如果有緊急的修理業務，或者用車床時，可以隨時使用松下公司的車間設備。

由於當時關東大地震發生不久，這個年輕人就來到大阪求職，一直在A工廠擔任工匠。

這位小個子儀表看上去並不十分突出，還留著很長的頭髮，怎麼看都不像是冶煉車間的工匠，倒像是一個搞藝術的學生。

松下先生並沒有說什麼，而是繼續觀察他幹活時候的樣子，覺得這個小個子師傅不僅手腳俐落，而且有著熟練的操作技術。

回到辦公室以後，松下先生約見了A工廠的老闆，並且提到了這個小個子師傅：那個老闆滿臉的不屑一顧，說：

「這個人不行，牢騷太多，不是這個不好就是那個不中意，對我們廠裏的事情不是這個意見就是那個建議！」

聽了A工廠老闆的話，松下覺得很有意思，於是要求A工廠的老闆把那個小個子師傅轉讓給他。這個只有廿二歲的年輕師傅果然不負松下先生的厚望，工作認真負責，管理井井有條、遊刃有餘。

這個年輕人就是後來的松下副社長中尾哲二郎。

人們評價某個人時，往往具有先入為主的印象，這種先入為主的評價，又往往是一種盲目的「蓋棺定論」，綜合評價一個人的才能不是一件容易的事情，很多時候不適宜匆忙定論，而要多多換些角度來審視，這樣，我們可以全方位地去考察一個人是不是更加優秀，通過他的表現、他的業績來評價他，或者重用，或者棄用。

要想成就非凡的事業，必須先具備獨特的眼光，那些成功的企業家告訴我們一個真理：選擇一個優秀的人才，要看這個人的能力，看他是否真正給企業帶來了貢獻，而不是盲目去下結論。

如果棄用了一個真正的才子，這樣會讓企業常常招不到真正有才識、有能力的骨幹人才，從而失去了招賢納士的機會。

智慧點滴

綜合評價一個人的才能不是一件容易的事情，很多時候不適宜匆忙定論，而要多多換些角度來審視，這樣我們可以全方位地去考察一個人是不是更加優秀，通過他的表現、他的業績來評價他，或者重用，或者棄用。

錦囊16
善於聽取他人的意見

三國時期，蜀國丞相諸葛亮命馬謖、王平守衛街亭，以防止曹兵來犯。但馬謖自負飽讀兵書，生性傲慢，全不聽王平的勸諫。

起初，馬謖對王平說：「這樣的偏僻之地，曹兵怎麼敢來侵犯呢？丞相真是多疑了。」

王平說：「雖然魏兵不敢來，可就此五路總口下寨；讓軍士們伐木做柵欄，以圖久計。」

馬謖說：「這個地方是下寨的地方嗎？在側邊有一座山，樹木又廣，靠著天賜之險，在那裏屯兵最好。」

王平又說：「你這話就不對了。如果屯兵在路口，築起城垣，曹操縱有十萬，也不能過；如果屯兵於山上，曹兵要是突然降臨，四面包圍，那我們該怎麼辦？」

馬謖大笑說：「你真沒有男子氣概！兵書上說『憑高視下，勢如劈竹』，如果曹兵到來，我一定殺他們片甲不留！」

王平說：「我經常與丞相出征，每到一個地方，丞相常指點我。我看這個山頭是個絕地，如果曹兵斷了我們取水的道路，我們不是不戰自亂嗎？」

馬謖不滿說：「你不要亂說話！孫子云『置之死地而後生』，如果曹兵斷絕了我們取水的道路，難道我們的軍士不死戰嗎？我素讀兵書，諸葛丞相尚且有時候還要向我請教，你有什麼資格說我。」

於是，馬謖不聽王平的勸阻，一意孤行，到山上安營紮寨，王平只好自領一隊人馬在山下安營。

果然，曹兵神速即到，把馬謖圍個水泄不通，強行攻佔山頭。馬謖四面受敵，左擋右突，不能解脫。

幸虧王平引兵來救，衝開了曹兵一個缺口，救出馬謖，損傷了大半兵馬，落荒逃回陽平關。這才有了後來「諸葛亮揮淚斬馬謖」的故事。

中國有句老話：聽人勸，吃飽飯。此話不假，尤其是在我們自以為是、固執己見的時候，難免有些想法是行不通的。

這個時候，別人給你出個主意，一定要用一種參考、接納的眼光來取捨，不要不假思索一口否定、一意孤行，大有不撞南牆不回頭的氣魄。其實，這是一種愚蠢的做法，到時候受傷害的還是自己。

我們每個人的思考方法都有一定的局限性，因此，只有不斷地、廣泛地、全面地吸納別人的意見和建議，才能夠做到群策群力、萬無一失。

智慧點滴

中國有句老話：聽人勸，吃飽飯。此話不假。一個人只有善於聽取他人的意見，進行正確取捨，才能把事情辦好。如果自以為是、固執己見，難免不把事情辦砸的。

錦囊 17

先拿出自己的誠信來

「一個人有兩樣東西誰也拿不走，一個是知識，一個是信譽。我只要求你做一個正直的公民，不論你將來是貧或富，也不論你將來職位高低，只要你是一個正直的人，你就是我的好兒子。」這就是著名的聯想集團董事會主席柳傳志的父親小時候教誨他的話。

此後，無論做什麼事情，柳傳志都以誠信為先，以真誠為首，這一思想一直到後來他掌管聯想集團的時候都未曾改變。

聯想的成功或許就是因為誠信的理念，它取信於銀行，取信於員工，更取信於投資者，而這一切都離不開柳傳志這位當家人，柳傳志的父親「正直做人」的教誨，也許就是聯想的精神支柱。

一九九七年，香港聯想因為庫存積壓造成一億九千萬港幣的虧損，這在當時是個相當大的數字。

在這危急的時候，聯想的領導層竟然選擇了先告之銀行虧損的消息，然後再申請貸款。

一般人認為，先借錢再通知銀行虧損狀況，或者乾脆不通知銀行會比較容易借到錢。但是，聯想集團寧願付出天價也不願失去銀行的信任。

此舉果然贏得銀行的信任，並再次貸到了款。如果不是聯想長期守信用，這件事根本就做不成。

聯想靠誠信贏得了足夠的信譽度，也贏得了巨大的財富，這就是信譽的力量。

在競爭日益激烈的社會，尤其是在生意場上，誠信似乎早已消失殆盡了，剩下的只有急功近利、爾虞我詐。做到誠信的似乎不見得更好，甚至還可能吃虧。

但是，別忘了，失信只能得到一時的安慰，而誠信具有永恆的魅力。

讓別人講誠信之前，先拿出自己的誠信來，俗話不是說「將心比心」嗎？那些嘴上喊誠信的人，有時是最不可信的。社會道德要靠誠信去支撐，誠信的社會會使更多的人受益。

靠誠信創造的財富同樣誰也拿不走，物質沒有了，精神還在，而精神又可以創造財富。聯想不僅僅是一個例子，不僅僅是一種感動，它讓更多的人思考誠信的價值。

智慧點滴

誠信不但是人性優點的基礎，而且是創造財富的基石。做人要講誠信，經商要講誠信。但真正的誠信是不能掛在嘴上的，要放在心裏，要用心去做。所以，誠信是有價的，也是無價的。

錦囊18

待人說話應委婉

有一個工程師，由於工作上的原因，經常要到一個大城市出差。

當他第一次來到這座城市的時候，便住進了一家中檔的招待所。當他退房結賬時，服務台小姐沒好氣地說：

「你先在這裏等一下，我檢查一下房間，看看有沒有東西損壞和丟失。」

服務小姐這樣說話，讓這位工程師大為不滿，認為簡直是在侮辱他的人格。結賬完事以後，他就再也沒有住過這家招待所。

第二次，他又來到這座城市的時候，想起了上次的那一幕，便沒有再去那家招待所，而是住進了鄰近的另一家招待所。

當他要退房時，服務台小姐說：

「先生，請您稍等，我們去看一看房間中您是否有東西遺忘了。」

當他坐在那裏等待的時候，忽然醒悟了過來，原來，她們是要檢查房間有無東西損壞和丟失。想到上次被盤查的經歷，這個工程師不由得暗暗佩服起這位小姐說話之委婉。

此後，每次來到這座城市時，他都住這家招待所。

人人都知道，「會不會說話」是件非常重要的事情。不管是在生活中還是生意上，恰當合理的言談舉止，更易拉近與對話者的距離，話說得巧妙，讓人心情舒暢，樂於合作；話說得粗俗不堪，讓人心生厭惡，產生抵觸情緒。

但是，很少有人有意識地把「會說話」當做一項財富，從而去努力追求。一句話用兩種不同的方式表達，會產生不同的效果，而與自己談判的人也可能做出兩種不同的決定。

一個有著高超語言藝術的銷售人員或者服務人員，完全可以把顧客帶入另一個境界。

有人說：「說話也能當錢使。」「恰當的話語」就是一筆財富。

在這個世界上，成功與失敗之間有時僅僅是一步之差。

「恰當的話語」就是一筆財富，它能夠在實踐中轉化成大把的鈔票。

當我們在加深了對「會說話也是一筆財富」的印象後，就應該立時作出決定——不斷提高我們的說話藝術。

智慧點滴

「說話也能當錢使。」「恰當的話語」就是一筆財富。不管是在生活中還是生意上，恰當合理的言談更容易拉近與對話者的距離，話說得巧妙，讓人心情舒暢，樂於合作。

錦囊 19

坦誠面對他人的揶揄

美國政界要員堪昂首次在眾議院發表演說的時候，剛剛從西部的鄉村來。他衣冠破落，為人質樸，在衣冠楚楚的眾多紳士面前顯得有些土頭土腦。

正當他要發表自己的演說時，有個言辭犀利、善於幽默諷刺的參議員，向在場的聽眾風趣地介紹說：

「這位先生是剛從伊利諾州來的新客人，衣袋裏一定還藏著滿滿的雀麥吧！」這幾句話立即引起全場聽眾的哄堂大笑，如果換了別人，或許會感到萬分尷尬，以致面紅耳赤，甚至惱羞成怒。

但是，堪昂覺得那位參議員的諷刺並未過分。因此，他很坦誠地說：「我不但衣袋裏裝滿了雀麥，而且，頭髮裏還藏著許多菜籽！住在西部鄉間的人，多半是我這個樣子，不但土頭土腦，而且，還不善於表達，不過，我們所藏的雀麥和菜籽，卻常常能長出最好的幼苗！」這段簡短而銳利的回答，立即使堪昂的大名轟動全國，大家給他起了一個外號，叫做「伊利諾州的菜籽議員」。

聰明的人不但有自知之明，而且，也願意坦誠接受別人的批評。知道自己並非是個十全十美的人，總有些缺陷，這些缺陷一經被人道破，就應該坦白接受，沒有逃避躲閃的必要。有的人一受到別人批評，便立即面紅耳赤，羞愧難當；也有的人被別人指出錯誤的時候，熟視無睹，既不承認，也不反駁，若無其事，認為無所謂；有的人由於不能很好地解決這些問題，喪失了改正的機會，一錯再錯，最終悔之晚矣。

人人都希望別人誇獎讚美，願意別人捧場獻媚，如果有人將自己的缺陷一語道破，就會大怒若狂，或反唇相識，假如我們能夠改掉這一點，那麼與人交往，就不會得罪人。

智慧點滴

聰明的人有自知之明，知道自己並非十全十美，總有些缺陷，這些缺陷一經被人道破，應該坦白接受，絕沒有逃避閃躲的必要。

錦囊 20

豁達容人，合鑄大業

凡是成大事者，都力戒「浮躁」兩字，希望通過自己踏踏實實的行動，換來成功的人生局面。同樣，任何一位試圖成大事的人都要扼制住浮躁的心態，專心做事，才能達到自己的目標。

那些焦慮和煩躁不安的人，多半不能適應現實的世界，從而跟周圍的環境脫離了必要的關係，退縮到自己的夢想世界，以此來解脫自己心中的憂慮。所以，成大事者首先需要克服的就是自己的浮躁情緒。

事情往往就是這樣，你越著急，你就越不會成功。因為，著急會使你失去清醒的頭腦，結果，在你的奮鬥過程中，浮躁佔據著你的思維，使你不能正確地制訂方針、策略以穩步前進。

當目標確定，你就不能性急，而要一步一個腳印地來做，即所謂「性急吃不得熱粥」。

當你控制了浮躁，你才會吃得起成功路上的苦，才會有耐心與毅力一步一個腳印地向前邁進，才不會因為各種各樣的誘惑而迷失方向，才會制定一個接一個的小目標，然後一個接一個地實現它，最後走向大目標。在這方面，李嘉誠可謂穩健、不浮躁的典範。

李嘉誠通過朋友的介紹，到一家小塑膠玩具廠當推銷員。

李嘉誠時時不忘父親「好漢不怕出身苦」的臨終教誨，始終以積極的心態對待人生。由於他的出色表現，很快就當上了工廠的業務經理，視野比以前開闊多了，與人的交往相對也增多了。

在他當業務經理期間，工廠的產品十分暢銷，致使不少推銷員經常向他討教。經他的指點、幫助後，一般都能較好地完成任務。

然而，正當別人認為他可以青雲直上、大展宏圖的時候，他卻毅然地辭職了。

辭職後，李嘉誠自己開設了一家小塑膠廠。想起父親曾教他背誦荀子《勸學篇》，當中提到的「不積小流，無以成江海」這句話，意思是為學要成功，就要循序漸進。他覺得很有道理，就把工廠取名為「長江塑膠廠」。李嘉誠期望自己的事業能像長江一樣，由小至大，由弱到強，並希望借這個響亮又富有氣勢的名字，令其日後的業務能得到圓滿的發展。

二十世紀五〇年代中期，李嘉誠的機會終於來了。

為此，他急於擴大生產，便向朋友告貸，周轉資金。同樣，他也遇到所有不成熟企業家碰上的普遍問題：產品出現積壓，資金周轉不靈。一般朋友的錢又不能長期佔用。因此，李嘉誠一度面臨破產的境地。

但李嘉誠並沒有被困難嚇倒。經過冷靜地分析後，他果斷地收縮生產規模，把得力的人派去推銷產品。

這時，李嘉誠已經注意到，物色優秀的推銷代理商是非常重要的，他背著自己的產品跑遍了港島，拜訪了五百個代理商。這次出訪收穫很大，因為產品好，得到了幾個經銷商的支持，支付給他一些定金，使他很快度過了危機。

但是好景不長，他的長江廠又遇到了新的問題：這次小小的成功，使得年輕且經驗不足的李嘉誠忽略了商戰中變幻莫測的特點，他開始過於自信了，心態出現了浮躁情緒。

幾次成功以後，他就急切地去擴大他那原本資金不足、設備簡陋的塑膠企業。於是，他的資金開始周轉不靈，塑膠產品的品質開始下降，迫在眉睫的交貨期使重視品質的李嘉誠也無暇顧及愈來愈嚴重的品質問題。於是，倉庫堆滿了因品質問題和交貨日期延誤而積壓的產品，工廠的虧損愈來愈嚴重。塑膠原料商開始上門催繳原料費，客戶也紛紛上門尋找一切藉口要求索賠。

這種代價幾乎將李嘉誠置於破產的境地。但難能可貴的是，李嘉誠並未就此而灰心喪氣，而是勇敢地面對他所遭遇的失敗，堅定地樹立起他一定會戰勝失敗的信心。明察秋毫的李嘉誠知道，塑膠花的工藝並不複雜，因此，長江廠的塑膠花一旦面市，其他塑膠廠勢必會在極短時間內跟著模仿。

所以，李嘉誠在經營策略上採用「人無我有，獨家推出」的方針，在極短的第一時間內，以適中的價位迅速搶佔香港的所有塑膠花市場。一時間，長江塑膠廠也由原先默默無聞的小廠，一下子成了蜚聲香港塑膠業的知名企業。

僅一九五八年一年，長江公司的營業額就達一千多萬港元，純利一百多萬港元。塑膠花使長江實業迅速崛起，李嘉誠也成為世界「塑膠花大王」。

從來沒有一蹴而就的成功。渴望成功的人，切忌浮躁。

成功之路，艱辛漫長而又曲折，只有穩步前進才能堅持到最後，贏得成功；如果一開始就浮躁，那麼，你最多只能走到一半的路程，然後就會累倒在地。

在這裏，浮躁與穩健對於一個人成功的影響，一目了然。

智慧點滴

一個人要想成就一番大事業，就必須克服急躁心理，踏踏實實做人，認認真真做事，一步一個腳印向前走，最終才能實現夢想。

第三章

健康是人一生最寶貴的財富

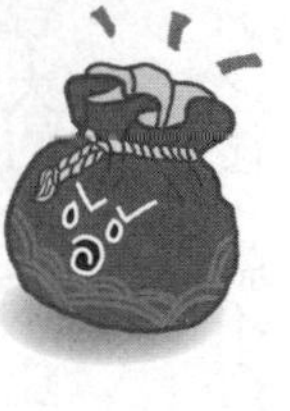

★要始終保持身體的健康
★永遠年輕的秘訣在於吸取新知
★健康是你終生受用不盡的財富
★良好的生活習慣有益健康
★只有健康的人才能獲得成功
★挖掘屬於你自己的財富
★健康的身體是你的福氣
★培養好心態有利於健康
★心理健康重於身體健康
★身體健康是可以自己把握的

錦囊 21
要始終保持身體的健康

保證身體健康是人類生命的巨大工程，它需要具有生命全程的最佳設計，將人生存的健康帳戶調整到一流狀態。

我們經常可以看到一些人，他們年齡還不到四十歲，但看起來已顯得老態龍鍾，精神憔悴，他們開始工作、創立事業時也有著巨大的資本，比如強健的體魄、雄壯的體格和智慧的腦力。

但是，他們在功成名就、有一定的經濟實力之後，就不再去追求成功，過起了花天酒地的生活，久而久之，引發許許多多的病症，將原有的資本揮霍得一乾二淨，最後成為一個失敗者，再也無法顯示偉大的力量。

還有不少人，由於日趨緊張的生存環境和競爭意識，迫使他們付出高額的健康成本來適應生存的需要，於是他們終日東奔西走，忙忙碌碌，日夜工作，不注意積蓄自己的體力和腦力資本，不注意保持自己強健的身體，操勞過度，使自己的年齡正處於黃金階段，事業處於巔峰時期，卻大病纏身，臥床不起，最後病逝。比如中國歷史上的宰相諸葛亮，日本前首相小淵惠三，都是由於不顧惜自己的身體，過度勞累而英年早逝的典型例子。

不管是諸葛亮，還是小淵惠三，他們的那種「鞠躬盡瘁，死而後已」的敬業精神，固然值得我們敬仰。但是，如果只顧拚命工作而賠上了自己的健康，生命中的光和熱還沒有全部發揮出來，過早地離開人世，這就有點得不償失了。

珍惜生命的人，懂得健康才是事業成功的第一資本。要時刻記住只有身體健康，才有資本把事業做得更大。

所以，要經常要求自己為了身體的健康，去做一些對身體有益的事。因此，要結合自己的要求做到以下三點：

第一，到醫院定期檢查。今天的醫學十分發達，各種儀器能探測出潛伏在我們身體內的疾病，只要我們定期檢查身體，就會提前發現問題。

第二，有效地節制欲望。在社會上生存，和各種人打交道就難免應酬，而應酬時要有所節制，不能想怎麼做就怎麼做，酒、色、財、氣、賭等陷阱，更不能跌入其中，否則，傷身壞體，害人害己。

第三，忙中偷閒做運動。生活的快節奏，讓我們感到疲於應付，你不妨每天根據自己的時間、場所，做一些適量的運動。生命在於運動，只要你長期堅持，就能鍛煉出一副強壯的體魄，就有了生存的資本。

隨著科技的進步，醫學的發展，現代人對於健康的觀念也發生了變化。健康，我們不能只把它理解為沒有疾病，在精神上，應該讓它也處於飽滿狀態。

如果你熱愛身體，熱愛自己，懂得自我珍重，你就可以享受健康的幸福，你就可以擁有強健的體魄。

只要你是一個神智清醒的人，你就會懂得，健康對人的生存多麼重要。

智慧點滴

人生存在世間，健康是第一位的。保住身體的健康，你才有資格談將來。健康離我們並不遙遠，只要你熱愛自己，熱愛身體，不忽視健康，你就可以得到它！

好運

錦囊22

永遠年輕的秘訣在於吸取新知

當人們問古代一位長壽智者永保青春的秘訣時，他說：「我的秘訣就是每天堅持學習一些新東西。」古希臘人也有同樣的觀點：永遠年輕的秘訣就是永遠學習新的東西。

這句話中包含著真理。健康的活動增強了心靈和體質的力量，讓你靈活敏銳。如果你要留住歲月的腳步，你必須要樂於接受新思想，開闊心胸，多一些愛心和同情心，在人生的路途上不斷探索真理。

歡樂、希望和愛心是延緩衰老的良藥。一個富有同情心的人才能夠留住歲月的腳步。他必須驅除擔憂、嫉妒和仇恨。這些東西令人痛苦，讓人衰老。純潔的心靈、健壯的身體、寬廣的心胸和堅強的意志是年輕的源泉。我們每一個人都有資格過一種年輕的生活。

作為某一公司的總裁，八十七歲的喬治依然精神抖擻地工作著，看一看他是如何生活的：

人們總喜歡問我：「喬治，你已經八十七歲了，你怎麼保養得這麼好？你還能攝影、拍電影、開音樂會、搞錄音集、抽雪茄、喝馬丁尼酒、陪朋友們出去玩，你是怎麼做到這些的呢？」

這很簡單。就拿配製馬丁尼酒來說吧：先在杯子裏裝上冰塊，然後倒杜松子酒進去，再兌上少許苦艾酒，加上一顆橄欖，你的這杯馬丁尼酒就做好了。

在今天，你大可不必為年齡老了而感到擔憂。你必須提防的是別讓你生鏽。為此，我總是堅持運動，走很長的路。走路甚至比配馬丁尼酒還要容易。我只要抬起一隻腳，把它放在另一隻腳前面；再抬起另一隻腳，把它落在那隻腳前面，就這樣，你自己不知不覺地就走起來了，甚至連一顆橄欖也用不著。每天早晨我都要步行一英里半的路程。我的意見是利用你所能得到的一切機會走路，這是免費的。你會感到心情舒暢，看上去也顯得更加精神煥發。

對那些覺得走路太乏味的人來說，打高爾夫球也是個辦法。那是一項很有意思的運動，而且，你可以沐浴著室外的空氣。惟一的麻煩是，在我所屬的俱樂部裏，那些打高爾夫球的人很少走路，他們大多數都開著車到草場上來。這些人一個個看上去都弱不禁風，而那些替他們背球桿的球童們卻顯得身體很棒。

如果你想要活到一百歲或者更長壽的話，你是不能坐享其成的，你必須站起來去追求它。

沒有什麼理由愚弄自己。當你上了些年紀，你就會感到精力不足，有些衰退了。但是，現在的喬治整整八十七歲了，還在不斷地聲稱：「我十八歲能做的事，沒有一件是我現在不能做的。當然，我承認我十八歲的時候是可憐巴巴的，廿五歲的時候也沒有現在這樣生氣勃勃，那時我為了今天而處處節省。我最討厭吹牛，說真的，我現在的確感到十分健康愉快。」

下面就是他長壽的秘訣：

一、思想積極

如果你請教我，問我想要長壽最關鍵的一條秘訣是什麼，我不得不說：就是要避免憂愁、壓力和緊張。如果你不來問我，我也要這樣奉告你：憂愁、壓力和緊張不僅僅是不愉快的，而且會縮短你的壽命。

我的態度是，如果有什麼事不是你的力量所能控制的，那麼就沒有必要發愁；如果你還有什麼辦法可想的話，那麼，也還是沒有什麼好發愁的。當我乘坐的飛機在飛行中劇烈地顛簸時，我就是這麼想的：這與我無關。駕駛員開飛機的錢很多，讓他去擔這份心吧。是的，我從來不坐那些小型的、私人的飛機，但那不是由於擔心安全，而是由於別的原因。如果我從天而降，我願意擁有一群觀眾。

我可以說老實話：我在幾年前做心臟支架手術的時候，也沒感到任何緊張和不安。做手術是我無力控制的事，那是大夫的責任。

我認為，退休最大的危險就在於它可能影響你的精神狀態。當你的一切時間都由自己支配時，你的思想和舉動都變得老氣橫秋了，這是一個錯誤。我看到，有些人剛到六十五歲就開始排練扮演老人的角色。他們坐下來時就哎喲啊呀的，起床的時候哼哼唧唧的。到他們七十歲的時候，他們就演出成功了——他們就真的是老態龍鍾了。

我卻不是這樣。當你接近我這個歲數的時候，應當促使自己忙忙碌碌的。你要督促自己幹點什麼事情，使你能離開自己的床鋪。我就從來沒有留戀過我的床。是的，要找一些使你下床的事——比如說一種興趣、一項業餘愛好，或者是一件工作什麼的。

二、向自己挑戰

當我的妻子格雷西在五十八歲退休的時候，我也滿可以退休了，現在就更不必做我正在幹的事了。我不必周遊四方舉辦音樂會、拍電影、主持電視專題節目，或是錄製鄉村音樂集。

我的經理是個六十多歲的人，他已經跟我訂了以後五年的合同，只要我一退休，他就要哭。所以，我明白我必須不停地工作，直到他老得足以退休為止。

我堅定不移地相信，你應當盡可能長時間地保持工作狀態，只要能做的話，想辦法找一些你感興趣的事。

如果一切都失敗了，試著幹一些使別人喜出望外的好事。我曾經有許多次幫助一位年輕的太太橫過馬路，然後，再返回我原來的地方。你們應當看看我所有的獎章。

愛默生說：「我們不會去計算一個人的年齡，除非他沒有任何值得我們注意的地方。歲月不能讓我們變老，是我們的生活方式，是我們自己讓我們變老。」

貪婪無度會消耗一個人的青春，縮短一個人的壽命。有的人沉浸在過去的痛苦生活中不能自拔，於是，皺紋過早地爬上了他的臉龐，他的眼睛失去了光彩，腳步失去了彈性，人生也就失去了意義。

我們不知道怎樣留住自己的青春，所以，我們才會變老，就像我們不知道怎樣留住健康，所以才會生病一樣。無知和錯誤導致了疾病。一個思想達觀、愛護身體的人，怎麼會容易得病呢？如果他的思想永遠是年輕的，那麼，即使是一個老人也能夠像年輕人那樣充滿活力。據說長壽的人都是樂觀的。如果你能夠摒棄失望，用樂觀的心態和洋溢的笑臉去面對困難，皺紋怎麼會爬上你的額頭呢？要知道，快樂是常青的源泉。

留住你的愛心，保持一份浪漫的心情，它能夠撫平你臉上的皺紋。如果你的思想沐浴在愛的光芒中，如果你能夠對芸芸眾生播撒你的愛心，那麼，你將會充滿活力。但是，如果你的心靈乾枯了，失去同情心和愛心，如果私欲和貪婪佔據了你的心靈，你就會未老先衰，任歲月流逝，世事滄桑，一顆沐浴在愛意中的心靈青春永駐。

智慧點滴

歡樂、希望和愛心是延緩衰老的良藥，一個富有同情心的人才能夠留住歲月的腳步。但他必須驅除擔憂、嫉妒和仇恨。

錦囊23

健康是你終生受用不盡的財富

健康是別人奪不走的資本，擁有這一資本，你就能取得更多的財富，使你終生受用不盡。健康對你的生活和工作都起著重要的作用。對於健康，很多人的體驗是，積極的心態會給人體健康帶來好處，消極的心態則可能引發疾病。

「我每天過得越來越好。」有些人每天在醒來和就寢前都要把這句話朗誦好幾次。對他們來說，這句話並不是華而不實的語言表達，而是說明健康來自積極的心態。一個人心存消極思想，這是一件危險的事。現實生活中，到處都有人因為他們內心的挫折、仇恨、恐懼或罪惡感，而給自己的健康造成傷害。

因此，保持身體健康的秘訣是，首先要擺脫所有不健康的思想。我們必須潔淨自己的心靈，為了身體的健康，先除去心中的消極念頭。

常有人提起，憤恨不滿的情緒常常會引發疾病，如果一個人在他的工作崗位上屢屢失意，他從心裏就會向身體發出「生病」的心理暗示，借此來逃避現實。

一位政壇元老曾說過：「有兩件事對心臟不好：一是跑步上樓，二是誹謗別人。」這兩件事不僅對心臟不好，而且對人的身體也有很大的影響。所以，學會寬恕很重要。這樣你就會發現，體諒別人會起到奇妙的治療效果。

許多家報紙曾報導過這樣一則新聞：

有一名男子在過馬路時不幸被車子撞倒而喪命。驗屍報告說，這個人有肺病、潰瘍、腎病和心臟衰弱。可是，他竟然活到了八十四歲。給他驗屍的醫生說：「這個人全身是病，一般情況，三十年以前早該去世了。」

有人問他的遺孀，他怎麼能活這麼久？她說：「我的丈夫一直確信，明天他一定會過得比今天更好。」

還有人認為，在運用積極心態方面，多使用積極的表述，也有利於身體健康。語言文字是有影響力的。如果你經常運用積極的話語來描述你的健康狀況，便可能激發對你身體有利的積極力量。而你的思想無論是積極還是消極，都會影響你內在的各種器官的健康。

曾任美國精神治療協會會長的卡特博士在談到一個人所持的肯定態度對健康的影

響時，甚至反對人們使用像「我今天不會生病」這樣的說法。他認為那只是半積極的態度，應該改為「我今天覺得比昨天好」，這才是非常積極的陳述，因而是一種引導健康的想法。

卡特博士說：「肯定的態度是以科學的事實為基礎的，這些事實來自生物學、化學、醫學等。正確地運用肯定的態度將有助於改善你的健康，延長你的壽命；使你精力充沛，倍感幸福，從而在各方面取得成功，並且，還能替你保持一件最主要的東西——那就是心裏的平靜。」

你的身體和思想是合一的，實際上是一個「身心」，你的「身心」和自然是合一的。你的身體和思想的健康是不可分的，任何影響到你健康的思想因素，同樣會影響你的身體，反之亦然。

同時，你的身心健康也會受到自然法則的規範，它對於你身心的規範和對於樹木、山脈、鳥和動物的規範並沒有什麼不同。

因此，想要瞭解保持身心健康的方法，必須先瞭解自然界的法則，你必須和自然和諧相處，而不是要和它對抗。

人的心智是伴隨著身體才能存在的，由於你的身體受到大腦的控制，所以，想要得到健康的身體，就必須具備積極的心態、健全的意識。務必在工作、娛樂、休息、飲食和研究方面，都能培養出良好，而且平衡的健康習慣。

為了保持健康的意識，應從良好的生理健康，而不應從病態或不健全的角度進行思考。

無論你的思想集中在哪個方面，它都能使這方面的事情成真——包括經濟上的成就和身體的健康。為了使自己能以積極的態度培養及保持健全的意識，使你的內心遠離消極思想和消極影響因素，必須創造和保持平衡的生活。

工作之後娛樂，思想活動之後從事體力活動，嚴肅之後保持幽默，如果能持之以恆，必能保持良好的健康狀況和快樂的心情。如果你能以積極心態生活，就能得到健全的思想和健康的身體，有了健康的體魄之後，我們才可以享受健康長壽的生活，才能讓我們的周圍洋溢著青春的活力和擁有幸福的氛圍。

智慧點滴

保持身體健康的秘訣是，首先要擺脫所有不健康的思想，潔淨自己的心靈，除去心中的消極念頭，和自然和諧相處。

錦囊24

良好的生活習慣有益健康

登上世界高峰的人，必定是體格強健的人；經得起失敗打擊的人，必定是意志堅定的人。強健的體格和堅定的意志相結合，就產生了一個完美、健康的人。雖然擁有健康並不能擁有一切，但失去健康卻會失去一切，健康不是別人的施捨，健康是對生命的執著追求，是生活有節奏的體現。

一、享受充足的睡眠

「疲倦勞累的康復，就是香甜的睡眠。」

「不管是天資還是優雅的教養都無法代替一點，那就是甜美的酣睡！」

生活在現代都市，夜生活越來越豐富，每晚的睡眠時間也隨之越來越少。每晚燈紅酒綠的生活將剝奪你的健康。

正如任何一台機器如果連續運轉時間過長，一定會出問題一樣，燈泡點燃時間過長會燒掉，顯示器不適當關閉會老化……人也需要適當的休息，而休息必不可少的就是睡眠。

有時候，也許你會說「我不睏」，在該休息時，連續緊張工作很久後仍不睏，並非真的是有精神，而是精神進入了亢奮狀態。

長久處於亢奮狀態是對睡眠的剝奪，是對健康的透支，是對生命的損壞。

偉大數學家陳景潤就讓自己長久處於這樣一種亢奮的狀態。每當深夜，他都伏案工作，這種亢奮狀態，他反而認為是「我不睏，應該起來工作」。陳景潤的精神，自然值得我們欽佩，但他對健康的透支方法，卻是不可取的。

眾所周知，陳景潤先生後來得了霍金森症，不能不說是和他長年來缺乏睡眠有關。

凡是想在生命中有大成就的人，必須懂得「珍愛自己」。

這就是說，他要盡一切的努力，培養其身心健康，使力量達到頂點。他必須明白，成功大半依賴自己的「成功機器」——身體，所以對自己的身體是必須在意的。

「工欲善從事，必先利其器。」中國人的這句古話是有道理的。聰明的工匠絕不肯使用已經損毀的工具；天下沒有一個理髮匠，用遲鈍的剪刀能指望其店務的發達；沒有一個木匠，用了鏽鈍的鋼鑿、斧頭，能指望其工作的精良。

保證充足的睡眠，就是保住了健康的原動力。

與不能充分睡眠相反，有人久臥成病。這種人以保證充分的睡眠為藉口，每天賴在床上不肯起來，這樣不僅不會獲得健康，反而對健康有巨大的損害。

如果把人比喻成一部機器，那麼，這台機器必須經常運轉，長時間不運轉的機器必然生銹，久臥之人必然滋生種種疾病。

二、健康的飲食

「人是鐵，飯是鋼，一頓不吃餓得慌」，這句俗語充分說明了飲食對人類的重要性。經常飲食不足或飲食不定的人，往往不能擁有健康。

有許多人為了「經濟」，在中午時，他們往往會在便利商店裡隨便買個麵包，喝杯牛奶就算了事，以為這樣一來，時間金錢兩相宜。殊不知，假如他們走進餐館，從容地吃一頓營養可口的午飯，餐後再休息一會兒，在未繼續工作以前，使胃部得以進行其消化食物的程序，這對於他的身體，對於他的各方面，都是大大有益的！

一個人所能實施的最聰明的做法就是，儲藏起最大量的生命力在身體中，儲藏最大量的體力與精力以獲取成功之本。剝削自己能夠給予我們體力與精神的應有的食物，無異於殺掉可以替我們產金蛋的雞。

與上述那種「經濟」做法相反，現在「肥胖症」已成為一大「社會問題」，這就是過度飲食造成的。

肥胖症患者往往患有「三高」：高血壓、高血脂、高血糖，這些人顯然不再擁有健康。

假使我們能夠過一種簡單而有節制、有規律的生活，我們就不會有經常服藥的必要。但是，我們中的許多人，卻總是在過一種違背生活規律的生活。

假如我們能夠明瞭自己身體的需要，就像明瞭園中花木的需要一樣，能及時給予充分的食物、飲料，我們是絕不致受困於胃病、頭痛，或其他種種病痛。

三、呼吸清新空氣

新鮮空氣將滋潤你的生命，你的健康。

如果有時間，邀上一兩個好朋友，到郊外，到樹林中，到芳草地上呼吸一下清新的空氣，你將感到生命的活力在這裏復蘇！

四、珍愛生命

只有真正珍愛生命的人，才有毅力去堅持做一切對健康有益的活動。

只有真正珍愛生命的人，才能珍視健康，在疾病或任何意外打擊面前勇敢、堅強，並重新找回健康。

如果你想擁有健康，那麼，你必須首先擁有一顆珍愛生命的心，這顆珍愛生命的心，將會把所有滋潤健康的血液，不斷輸向你身體的每一個部分。

五、簡單地生活

生活簡單的人，往往也擁有健康。簡單的生活，往往給人一種平和的心態，而這種平和的心態往往給你身心的健康。

當我們問一些長壽的老人，什麼是他們長壽的秘訣時，他們不會告訴你什麼驚天動地的事情，不會說：我練了什麼功，我服過什麼藥，有過什麼奇遇……

他們只會告訴你，他們每天怎樣過著相當有節奏的生活！他們如何在每天固定的時間起床、休息、吃飯、學習、工作！他們也從不輕易讓外來的誘惑改變他們的生活節奏。健康生活，源於每一天，源於簡單的生活！

六、加強科學的運動鍛煉

生命在於運動，運動對於健康的重要意義，相信無須多說，每一個人都明白。需要提醒大家的是，一定要進行科學的鍛煉，不科學的運動，不僅無益於健康，還會對健康有所損害。

智慧點滴

雖然擁有健康並不能擁有一切，但失去健康卻會失去一切。健康是對生命的執著追求，是生活有節，奏的體現。

錦囊25

只有健康的人才能獲得成功

「充沛的體力和精力是成就偉大事業的先決條件，這是一條鐵的法則！」虛弱無力、沒精打采的人有可能過上高雅的、令人羨慕的生活，但他很難走在人生的前列。

偉大的人物往往有著旺盛的生命力，因而，身體中喚發出的生命力量是巨大的。這種力量就是布瑞漢姆領主連續工作一百七十六個小時的狂熱，就是拿破崙廿四小時不離馬鞍的精神，就是富蘭克林七十歲高齡還露營野外的執著，格萊斯頓以八十四歲的高齡還能緊握船舵，每天行走數公里，到了八十五歲時還能砍倒大樹，無不依賴於此。

站在生命的門檻上，清新、年輕、充滿希望，清醒地意識到自己擁有應付一切危機的力量，知道自己是世界的主人，還有什麼能比這樣的狀態更重要呢？

孫中山先生是我國偉大的革命先行者，歷經許多的挫折——辛亥革命的勝利果實被剝奪；第一次、第二次護法運動的失敗……但他從不向挫折和困難低頭，他終於找到了革命的正確道路：三民主義。

孫中山先生親手建立的「黃埔軍校」已經為革命培養了一支訓練有序的武裝力量。可以說，當時的革命形勢是一片大好！但就在這時，孫中山先生卻因病離開了人世。

孫中山先生帶著「革命尚未成功，同志仍需努力」的遺憾離開了人世，而留給世人的卻是失去健康的慘痛教訓。

「壯志未酬身先死，常使英雄淚滿襟」，這是紀念古代的一位偉大人物諸葛亮的一句話。

諸葛亮是我國三國時期一位足智多謀的政治家、軍事家，有許多關於他的傳說幾乎被「神化」，成為了「智慧」的代名詞。

為了統一天下、結束混亂的局面，諸葛亮「四出祁山」，但終因身體不佳而未能完成統一天下的重任，最後只能「攘是乞命」卻未能成功。

我們到處可以看見，某些有作為、有智慧、有才能的青年男女，為不健康的身體所羈絆，壯志未酬。

天下最大的失望，莫過於有志而不能酬，感覺到自己有著大量的精神能力，而同時沒有充分的體力作為拼搏的後盾；感覺到自己有凌雲壯志，卻沒有充分的力量足以實現它，這是人世間最悲哀的一件事情！

許多人之所以飽嘗「壯志未酬」的痛苦，就是因為他們不懂得去如何維護自己身體的健康。

智慧點滴

站在生命的門檻上，清新、年輕、充滿希望。清醒地意識到自己擁有應付一切危機的力量，知道自己是世界的主人，還有什麼能比這樣的狀態更重要呢？

錦囊26 挖掘屬於你自己的財富

我們看待創業者，往往最關注他們創造的驚人的財富，可是，從沒有想過，生活在同樣的社會環境中，他們憑什麼比我們創造更多的財富？

其實，每個人心中都有一筆巨大的無形的財富，只不過，我們尚未意識到而已。而創業者卻通過不斷地拼搏與奮鬥，把這筆心理財富轉化為現實的財富。

有個故事，講的是一戶人家的地板下埋著兩罈金子，而他們卻渾然不覺，過著窮困潦倒的生活。許多人也正像這戶守著財富卻窮困潦倒的人家一樣，讓人覺得可悲、可嘆、可笑。

也許你要問：「這筆財富是什麼？為什麼我沒有覺察到呢？」

這筆財富就是隱伏於每個人內心深處的巨大潛能：自我激勵。

你沒有覺察到的原因，是因為它猶如一座礦藏，不是俯身可拾的，是需要一個從挖掘到利用的過程。而創業者在現實的鬥爭中不斷開採這座礦藏，這種內在的能源一旦與現實材料結合，便以財富的形式固定下來。

雖然，不同的創業家使用的現實材料不同，有的取材於政治，有的取材於經濟、有的取材於文藝……但他們源源不斷的財富之源都是：自我激勵。

自我激勵始終貫穿於創業者整個奮鬥的歷程。白手起家的香港億萬富豪徐展堂便是這樣的一個典型例子。

徐展堂自幼喪父，家境窘迫，可是一貧如洗的徐展堂堅決不向命運低頭。他發誓要通過自己的奮鬥賺錢發財，出人頭地。

最初徐展堂在一家銀行裏當信差，可是，他並不因處境艱難而放棄自己的理想。他一邊利用業餘時間學習英語，啃讀名人傳記，牢記他們的成功的秘訣；一邊在實踐中不斷積累經商經驗。

辭掉信差工作後，徐展堂又四處闖蕩。他從小本生意做起，走街串巷，賣過餛飩、擺過小攤，什麼生意賺錢，他就幹什麼。這段經歷磨礪了他堅強的意志，增加了他的社會閱歷，豐富了他的經商意識。不管身分多麼低微，現實如何殘酷，徐展堂從來沒有放棄自己的雄心壯志。

正如他回顧艱辛的創業史時所說的那樣：

「我當時抱定的信念是：成功得失的契機，在於自己能否把握機會及努力進展。」正是在這種自我激勵下，徐展堂四面出擊，愈戰愈勇。

憑著他獨特的眼光和非凡的膽魄，加上磨煉出來的卓越的經商素質，他終於在進軍房地產時一舉獲得成功。這位財產逾億的大富豪這樣評價自己：

「我不相信命運，只相信個人努力。我訂了目標便不三心二意、越困難越不放棄，解決困難成為我工作的動力。」

非常之人必有非常之志。徐展堂的事例告訴我們，你也可以成為心目中的那種人！自我意識便是你完成人生飛躍的翅膀。

心理學研究表明：要取得績效，必須靠內部努力和外部激勵，可是，在相同的努力和激勵的前提下，人們取得的績效不盡相同。工作能力強固然容易得出成績，但光有能力而缺乏動機、缺乏幹活的熱情，也將會一事無成。

我們在日常生活中也常見到，一些能力一般的人卻比能力強的人更容易有成果。這主要就是由於動機激發程度的不同。

羅斯福並不認為自己有什麼天賦和非凡才幹，只是認為自己善於自我激勵，把平凡的才能「在盡可能的限度內發揮到異乎尋常的高度」。我們甚至可以看到，一些能力差的人可以通過強烈的進取心、過人的動機內驅力，去取得與其自身能力不相稱的特殊成績。

許多人感到自己生活平淡乏味，那是因為缺乏生活的激情，自我激勵的結果。如果一個人總是老氣橫秋，缺乏激情，那麼，可以說這個人是絕不可能成功的。缺乏生命的激情，難以創建一番事業；缺乏愛的激情，生命中是很難體會到幸福和快樂的；缺乏信仰的激情，則根本不可能為理想而獻身。

學會自我認知，喚醒沉睡的生命的激情，將把你帶入嶄新的人生境界。

智慧點滴

每個人心中都有一筆巨大的無形的財富，只不過，我們尚未意識到而已。而創業者卻通過不斷地拼搏與奮鬥，把這筆無形的財富轉化為現實的財富。

錦囊27

健康的身體是你的福氣

健康是生命之源。

失去了健康，生命會變得黑暗與悲慘，會使你對一切都失去興趣與熱誠。能夠有一個健康的身體，一種健全的精神，並且能在兩者之間保持美滿的平衡，這就是人生最大的幸福！

不良的健康狀況對於個人、對於世界所產生的危害到底有多大，有誰能夠計算得出呢？

一個整天埋頭於工作，而生活中毫無娛樂的人，往往會在事業上趨於衰落，因為他缺乏各種不同的精神刺激和養料。他的動作一定不會像一個有休息、娛樂頭腦的人那樣自然、那樣有力。不時地自我調整，無論是對於勞心者或勞力者，都是十分有益的。

我們經常看到很多人未老先衰，他們對於生活老早就覺得枯燥乏味，就因為他們娛樂太少。「單調」是生活的最大摧殘者。

許多人似乎以為「自然」是很好說話，是可以「行賄」的。我們可以破壞健康法則，可以在一天內做兩三天的工作，在一次宴會上吃兩三天的食品，我們可以用各種方式糟蹋我們的身心健康，然後請教醫師，光顧藥房，以作為補救。

多數人的生活都循環重複於糟蹋身體、醫治身體上了！其結果是胃口不良、精力衰微、神經衰弱、失眠、精神抑鬱不寧！不良的身體，衰弱的精神，真不知造成了天下多少悲劇，破壞了天下多少家庭！我們需要有一個健康而強壯的身心。這是可以做到的，只要我們能夠過一種有節制、有規律的生活。

擁有健康並不能擁有一切，但失去健康卻會失去一切。健康不是別人的施捨，健康是對生命的執著追求。

體力與事業的關係非常重要。人們的每一種能力，每一種精神機能的充分發揮，與人們的整個生命效率的增加，都有賴於體力的旺盛。

強健的體魄，可以使人們在事業上處處得到幫助。

旺盛的體力可以增強人們各部分機能的力量，而使其效率、成就較之體力衰弱的時候大大增加。

凡是有志成功、有志上進的人，都應該愛惜、保護體力與精力，而不使其有稍許浪費，因為體力、精力的浪費，都將可能減少我們成功的可能性。

智慧點滴

許多人之所以飽嘗著「壯志未酬」的痛苦，就因為他們忽略了維持身心健康的重要性。經常保持身心健康，是人生成功的保障，是保障工作效率的重要前提。

錦囊28 培養好心態有利於健康

一、毅力可抵制疾病

每一個醫學家都知道，勇敢而且具有不可征服的毅力的人，感染傳染性疾病的可能性，比那些膽小和意志不堅定的人要小一半以上。

一般情況下，能迅速作出重大決策的人，總是有著極好的身體素質，那些性格極為堅定的人總是強壯有力的。通常體質好的人可以承擔重任，並容易令人信任。

「海盜般的性格鑲嵌在他偉岸的身軀、令人敬畏的面容和不顧一切的勇氣之中。他的對手認為，天底下再沒有其他勇士可以和他並駕齊驅，沒有任何人可以使威廉屈服。他的力量可以摧毀任何一個英國勇士所具有的，從軀體到精神的一切東西。在其他人絕望時，他仍然能夠堅強地挺身而出。在英國王室管轄的疆域之內，沒有任何人可以與他相提並論。」這是希臘人在描繪英國統治者威廉的傳說中的一段敘述。

韋伯斯特也是這樣的一個人。史密斯說：「韋伯斯特是一個活著的神，因為世界上沒有任何人看起來能像他那樣偉大。」卡萊爾在評價他時說：「一個人在見到他時，會為了支持他而不惜背叛整個世界。」他的體格很有魅力，很多人見到他時都會放棄自己的想法而服從他的意願。

二、向上心態的力量

健康的身體要有健康的心態。有些人每天在醒來時和就寢前都要朗讀「我每天過得愈來愈好」。這種自我暗示、自我激勵的方法天天都在起作用。

其實，說這句話的人正在運用積極的心態，把生活中好的東西吸引到他的身邊。一個醫生適當地運用積極心態，可以拯救許多人的生命。這些人之所以能得救，是因為他們接近了具有積極心態的人。任何時候都要發展積極的心態，為可能發生的緊急情況做好準備。人要有一個人生目標，當你有了人生目標的時候，無意識的心理就能把強大的激勵因素加到你有意識的心理上，使得你在緊急情況中能夠生存。

積極心態的兩大報酬就是，**心理健康**和**身體健康**。只有努力實踐，才能獲得和保持積極的心態。但是，確定的目標、正確而清晰的思考、勇敢的行動、創造性的想像力、長期的堅持和真正的洞察力，這些如果被你滿懷熱情和信心地運用起來，你就能有把握地取得和保持積極的心態。現在，正是你發展積極心態的時候，你可運用以下幾點逐漸提高你的能量水準，達到你在身體方面的目標：

反覆自我暗示：**健康有益成功、成功依賴健康**。

反覆自我暗示：**要有開闊的胸襟**。

反覆自我暗示：**健康把握在我自己手中**。

反覆自我暗示：**我覺得健康、我覺得愉快、我覺得大有作為**。

三、樂觀心態有助於健康

生活中處處有不盡如人意的地方，遭到了同學或他人的誹謗，你苦惱不已；受到了別人的批評，你氣急敗壞等等，面對諸如此類的煩心瑣事，如果你不善於調整心態，日積月累就會使你的身體處於假性健康狀態，並引起各種各樣的心理疾病。那麼，怎樣的心態才有益於健康呢？

坦然面對現實。在快節奏的生活中，人們會面臨種種壓力，要敢於面對現實，正視現實，把壓力當做是一種挑戰，將更有利於人的身心健康。

保持樂觀。俗話說，「笑一笑，十年少」。樂觀的情緒不僅能使你顯示出青春活力，還將有助於增強你的身體免疫力，免受疾病的侵襲。

拋棄怨恨，學會寬容。懷有怨恨心理的人情緒波動較大，不是整天抱怨，就是後悔，不是對人懷有敵意，就是自暴自棄，這樣容易引起心理障礙。所以，平時應學會拋棄怨恨，學會寬容，學會原諒自己。

富有幽默感。有人稱幽默是「特效緊張消除法」，是健康人格的重要標誌。許多健康的事業成功者，都具有幽默感。

擁有愛心。擁有愛心會使世界變得更美好，會更有助於自己的身心健康。樂於助人還可使你廣交朋友，這不僅是人生的一大樂事，還會使人更長壽。

智慧點滴

積極心態，能促進心理和生理健康，延長壽命；相反，消極的心態，一定會破壞心理和生理健康，縮短你的壽命。

錦囊29 心理健康重於身體健康

把我們的身體放在電子顯微鏡下的話，肯定會發現什麼地方有缺陷，只不過在日常生活中我們感覺不到自己的缺陷。

那麼，健康到底指的是什麼呢？

最重要的是自我感覺健康，也就是自我的「健康感覺」。忘我地工作，盡情地玩耍，不知不覺中身體不適的地方就恢復了，這都是自我感覺健康的緣故。「病打心上起」，相信自己是健康的，有時生病了也就沒有感覺了。

這裏有一個很特殊的例子。腎臟一般每個人都有兩個，可是有個人在他死亡後解剖屍體時才被發現，原來他只有一個腎臟。

在現在，不用等到解剖的時候，體檢時就可以發現。可是，在沒有超聲波、X

光的那個年代，只要尿液、血液的化驗結果沒問題，一般就會認為腎臟沒有問題。所以，他本人活著的時候一直覺得他是健康的。

還有一個和腎臟有關的故事。有一個年輕人，愛上了一個正接受洗腎治療的女孩子。她的病情非常嚴重，每隔一天就要做一次洗腎。大家都為他們擔心。

女孩子的父親希望女兒能幸福、能有美滿的婚姻，所以決定為女兒捐出自己的一個腎。接受移植手術後，女孩子再也不用洗腎了。

父親愛的決斷為女兒帶來了期盼中的健康。女孩子的腎功能恢復後，與年輕人在大家的祝福聲中步入了婚姻的殿堂。

父親也不再像以前那樣為女兒擔心了，看著心愛的女兒健康、幸福的樣子，不僅沒有因為只剩一個腎而體力不支，反倒是更加有活力、自我健康的感覺更強烈了。

可是有些病人，只因稍有不適，就煩躁、失落的人也有不少。對這樣的人，希望他們能向乙武洋匡學習。

乙武洋匡就是有名的《五體不滿足》的作者。

雖然身體有殘疾，可是他堅持坐輪椅去上課，並且順利地從早稻田大學畢業了，現在主要活躍在媒體界。即使是身體有殘疾，只要心理上是健康的，就沒有做不成的事。可以說，他就是最好的證明了。

乙武洋匡的笑臉中閃爍著比任何年輕人都健康的光澤。他那種能正視、接受自己身體方面的不足，並能積極挑戰的精神是令人欽佩的。

人們被他的「自我健康意識」深深地打動了。

智慧點滴

「病打心上起」，相信自己是健康的，有時生病了也沒有感覺。忘我地工作，盡情地玩耍，不知不覺中身體不適的地方就恢復了，這都是自我感覺健康的緣故。

錦囊30

身體健康是可以自己把握的

心理學家、哲學家安利・柏格森說過這樣一句話：

「人始終沒有悟出，其實，自己的命運是可以自己創造的。」

我們也可以把「命運」換成「健康」。心理健康、身體健康實際上都是可以自己把握的。

的確，人出生以後就有各自的心和身體。可是體弱多病的孩子長大以後很健壯；小時候唯唯諾諾，後來卻站在大舞臺上成為歌唱家的例子數不勝數。

威爾就曾經體弱多病，在人面前緊張時就會臉紅得像「大紅豆」似的。但是，他希望改變自己的心理和身體。

那麼，他應該怎樣做可以使自己的心理往好的方向改變呢？威爾首先應該養成幹什麼都很快樂的習慣。

只要有幹什麼都能找著快樂的性格。就幾乎沒有什麼討厭的事。

到目前為止，你也做過許多辛苦的、不感興趣的工作，可是，做完以後，你的心情就會大不一樣，「太好了、幹得這麼漂亮」的那種滿足感會讓你非常興奮，所以，即使是通宵達旦的工作，第二天你的心情會依舊輕鬆愉快。

H先生八十歲時，因患腹股溝疝做了手術。

那時，他有很多工作，很難安排時間做手術。但是，如果他不在病情惡化前做手術的話，就會影響到他以後的正常生活。

於是，H先生決定調整日程安排接受手術治療。H先生去找他的主治醫生商量說，「我太忙了，可不可以手術兩三天後就出院？」

醫生很吃驚地說：「年輕人也得住院一個星期，您恐怕需要十天吧。」

H先生感到很為難，因為手術四十小時後他有一個演講，那是很早以前就約好的，臨時取消的話一定會給別人帶來很大的麻煩，而且H先生也不喜歡那樣做。

於是，他開始考慮怎樣做才能既接受手術，又不耽誤演講？H先生決定採取術後多服止痛藥的辦法。他在手術後服用了三倍的止痛藥，去參加了演講。每三個小時喝一次止痛藥，術後兩天也能走路。

也許你會覺得服用三倍的止痛藥，一定很危險。H先生是醫生，即使是自己的身體也絕不會亂來的。只要針對身體情況用藥，是不會有副作用的。那時，服用三倍的藥，也是根據他的身體定的，沒什麼錯。

一般大家都有一個固定觀念，認為手術後應該吃流食。當時醫生也這樣對H先生說。可是他覺得又不是腸胃手術，所以，記得那天，在演講前他買了可樂和炸雞吃。只要能做到細嚼慢嚥，固體的食物也就成了糊糊狀的了，所以吃的時候一點也沒擔心。

那天的演講順利地結束了。H先生的身體也逐漸恢復了。

智慧點滴

是積極地承擔工作還是滿腹牢騷地做，對精神影響是截然不同的。只要想做，沒有做不成的，人是格外頑強的。心裏有了願望，身體就會自然跟著走，這是人們實實在在感受到的。

第四章

求知求進，終身學習

- 要讀活書
- 利用零碎時間讀書
- 養成終生讀書的習慣
- 自學也能成才
- 善讀「無字之書」
- 成功者應學無止境
- 把握一切學習的機會
- 尋求獲取知識的途徑
- 掌握有效學習的方法
- 永遠不要停止學習

錦囊31

要讀活書

讀書，是獲取知識的一種手段，善於讀書的人，會把書籍中的知識變為自己手中的工具。在讀書過程中增長聰明才幹，這樣的讀書才是真讀書，也是我們讀書學習的目的。

但是千百年來，也出現過一些「死讀書」或「讀死書」的「書奴」。他們迷信書本，食古不化，人云亦云。這樣，雖然他們書讀了不少，但卻不能學以致用，到頭來還是一事無成。南北朝時期的陸澄，就是這樣讀死書的一個典型。

陸澄從小好學，相當刻苦，行、坐、食、睡，手不釋卷，可他讀了兩年的《易經》，卻不明白書中的道理；他想編寫一部《宋史》，可一輩子也沒有完成。像陸澄這樣的死讀書，縱然窮其一生，也沒有什麼效果。

郭沫若說得好：「人是活的，書是死的，活人讀死書，可以把書讀活，死書讀活人，可以把人讀死。」這的確是讀書的至理名言，也是治學的經驗之談。

同樣是讀書，善讀者可以醫愚，可以長智，可以把書籍變成啟迪智慧、啟迪心靈的鑰匙；不善讀書者卻死抱書本，當了一輩子的「書奴」。這是值得人們在讀書中引以為鑑的。

因此，我們讀書要做到真正弄懂書中所說的道理、知識，然後再把這些道理、知識用到我們的工作和生活中去，這樣才能算得上是真正的讀書。

學而不思則罔。如果你想從讀書中獲得更多的益處，便應當在讀書的時候，多問自己一些「為什麼」。比如你可以問自己「為什麼我要讀這本書？」每個人讀書的動機不同，所以讀書時要因人而異。

如果你把自己讀書的動機弄清楚了，那麼你就可以更有目的性地選擇對於自己有意義的書來讀。你想專門研究某一學科的知識嗎？那麼，你就要專門找一些這樣的書來讀。在確定了讀書的計畫之後，你就應當儘快地去實施這個計畫。

你應該明確自己的讀書計畫，包括雜誌、百科全書、索引、參考書等。同時，你只需要讀那些與你的學科有關的內容，而不必整本書都讀。

如果一個人研究某一種學識，每本書都是整本地去讀，那便是浪費時間的做法，除非那本書是專門討論你這門學科的。

有一次，發明家愛迪生想要瞭解一下打字機某一部分的構造。告訴他的助手說，到圖書館裏去，將論述這種機器的書全都找出來，送到他的辦公室裏。於是，他的助手替他找了幾尺高的書。一般人認為，這麼多的書得花多少時間才能讀完啊！難道他值得為了這一件事，坐下來花大量時間讀完這許多書嗎？絕不能這樣，如果這樣做，不知要花多少個星期。

聰明的愛迪生只在每本書中選讀他所需要的，而忽略其他的。他這樣去做，只花了一下午工夫，他就將他所要瞭解的，從這些書中找出來了。

如果你只是情有獨鍾於某門學問，那麼就應當專門選擇與此有關的書讀，而忽略其他對你無用的材料。

智慧點滴

把書籍中的知識變為自己手中的工具。在讀書過程中增長聰明才幹，這樣的讀書才是真讀書，也是我們讀書學習的目的。

錦囊32

利用零碎時間讀書

現實生活中有許多人，儘管他們的資質很好，卻一生平庸，原因是他們不求進步，在工作中惟一能看到的就是眼前實用的利益。因此，他們前途黯淡，毫無希望。一個人的知識儲備愈多，才能愈豐富，生活愈充實。

有這樣一個年輕人，他出門的時間比在家的時間還要多，有時乘火車，有時坐輪船，但無論到什麼地方，他總是隨身攜帶著一包書籍，以供隨時閱讀。一般人浪費的零碎時間，他都能用來自修、閱讀。

結果，他對於歷史、文學、科學以及其他各國的重要學問，都有相當的見地，成為一個學識淵博的人，從而促成了自己一生的成功。但是，大多數人卻在浪費自己的寶貴零碎時間，甚至在那些時間裏去做對身心有害的事情。

自強不息、隨時求進步的精神，是一個人卓越超群的標誌，更是一個人成功的徵兆。

人類歷史上教育的價值之高，莫過於今天。今天的社會中，競爭非常激烈，生活更顯艱難。所以，就更要求人們善於利用時間，來增長自己的知識。

許多人最大的弱點就是想在頃刻之間成就豐功偉績，這顯然是不可能的。

其實，任何事情都是漸變的，只有持之以恆的精神，只有一步一步地增長知識的做法，才能有助於一個人最後達到成功。

智慧點滴

自強不息、隨時求進步的精神，是一個人卓越超群的標誌，更是一個人成功的徵兆。

錦囊33 養成終生讀書的習慣

一個沒有書籍、雜誌、報紙的家庭，等於是一所沒有窗戶的房屋。時至今日，每個家庭都有書報雜誌，這漸漸成了現代人生活的必需品。

在學校裏最應該養成的一種能力，就是去選擇各種有用的書籍。在圖書館中，從汗牛充棟的藏書中選出幾部最有價值的書本，以供閱覽。這種能力對於你的一生不無裨益。這彷彿是一個人在選擇適當的工具，從事知識開拓與社會服務。

「各界人士，如商業界、運輸界、製造界的人士，都曾告訴我，他們最需要、最歡迎的大學生，就是那些有選擇書本的能力以及善用書本的人。」

耶魯大學的校長海特萊說：「這種選擇書本、善用書本的能力，最好是在家庭中養成。」

如果家庭中具備不少的辭典、百科全書、參考書以及其他種種有益的書籍，兒童往往會在不經意中學到知識。而這種教育的代價，只是書籍的購備，要比學校教育所費的代價便宜十倍以上。而且，家庭中有了各種書籍，必能蓬蓽生輝。

家庭是一個人最主要的生活訓練場所，我們要在家庭中養成習慣，形成志趣，而這些習慣、志趣將影響我們的一生。

如果你的經濟狀況不是很好，你可以在吃飯、穿衣上節儉，但千萬不要在購買書籍上節儉。

邁克一家，父母子女相約每晚留出一部分時間，為讀書或別種自修之用。晚飯吃完，他們共同休息及遊戲。在一小時之內，或談笑戲謔，或做各種玩意兒，極盡歡娛。一小時後，輪到讀書的時候了，他們各就各位，靜默到連細針墜地都可聽見，或閱讀，或寫字。即使其中有一個人覺得不舒適、不高興、無意自修，他也會靜默著，不去干擾他人。

在他們中間有一個和諧的、統一的意志——讀書。

凡足以分散注意力、打斷思路或使他們心猿意馬的一切，都已被防止或消滅。

就事實而論，一小時聚精會神，不被干擾的讀書，其成效確要大過常被干擾與心不在焉的兩三小時的讀書。

無論一個人生活怎樣忙碌。但他總有很多光陰是虛度的、浪費的。這些虛度的光陰，假使能善加利用，那也能獲得重大的益處。

中國有句古話叫「士別三日，當刮目相看」。

前任哈佛大學校長艾略特曾說：「如果人能養成每天讀十分鐘書的習慣，那二十年之後，他的知識程度，前後將判若兩人，只要他所讀的都是好的書籍，也就是大眾所公認的世界名著，不管是小說、詩歌、歷史、傳記或其他種類。」

只有時常激勵自己，不斷努力，保持不斷進取的精神，才能夠在工作中更上一層樓。不斷進步，不斷學習，這一點無論何時何地都不能改變。

藝術界的知名演員，都是很有天賦的人，但他們仍會分秒必爭地為提高自己演技而認真學習。

如果報紙上的影評、劇評指責他的缺點，他會一夜不眠地思索自己的缺點。就因為這樣，我們才能欣賞到完美的表演。

對一個青年來說，平時認真地學習和進步也很重要。

缺少不斷地學習和進步，絕對培養不出自己的信心和增強自己的實力來擔任成大事者的工作。

智慧點滴

無論一個人生活怎樣忙碌。但他總有很多光陰是虛度的、浪費的。這些虛度的光陰，假使能善加利用，那也能獲得重大的益處。

錦囊34 自學也能成才

在今天的社會中，競爭非常激烈，生活更顯艱難。所以，就更要求人們善於利用時間，來增長自己的知識。

如果你真的有上進的志向，真的渴望成就自己，真的要決心補救早年的失學，那麼你必須認識到，無論遇到什麼人都會對你有所助益，會使你增加一些知識與經驗。

如果你遇見了一個泥水匠，他會告訴你關於建築的方法；遇到了一個印刷匠，他會告訴你很多印刷的技術；遇見了一個農夫，他會教給你農業上的種種知識。

要想知識廣博，就要從各種可能的途徑吸取知識。

從他人的知識中獲益的人，才能使自己的學識更為廣博和深刻，使自己的胸襟更開闊，使自己的趣味更廣泛，也才能使自己應付各種各樣的問題。

大部分人都有過分重視大學教育的心理，而那些不曾受過大學教育的人則更加感覺到有一種自卑感。他們卻不知道，世上有許多負有盛名的學者從沒有進過什麼大學，甚至有許多人連中學的大門都沒有跨進過呢！

愛迪生上了三個月的學，高爾基上到五年級，這些名人是如何成就自己的事業的呢？其實，這都是他們勤於自學、博覽群書的結果。

有人認為，一過最寶貴的青年時期便失去了求學的機會，一到晚年則更沒必要再去求學了。

其實不然，實際上，隨時隨地都有學習的機會。只要能尋求機會，能利用自己全部的空閒時間，努力進修，全神貫注地攝取知識，那麼就完全可以補救青少年時期的失學，甚至會成為某一個領域的專家或學者。

人的一生都是受教育的時間，而我們所置身其中的世界就是一所大學校。我們所遇見的人、所接觸到的事、所得到的經驗，都是這所大學校裏最好的學習資料。

只要我們開放自己的耳目，則在每一天、每一小時、每一分鐘、甚至每一秒裏，隨處都可以吸收很好的知識。然後，在空閒時間裏，把吸收來的知識反覆思考、反覆咀嚼，就可以將那些零碎的知識整合成為更精湛、更有意義的學問。

「書山有路勤為徑，學海無涯苦作舟。」學習要靠勤奮，才可能有所成就。

至於那些智商一般的人，則更需要以勤補拙，所謂「笨鳥先飛」講的就是這個道理。早動手、勤動手，將自己的先天不足用勤補回來。

一勤天下無難事，天下只怕懶惰人。

我國歷史上出於勤奮的天才舉不勝舉。

顧炎武是明末清初我國著名的愛國主義思想家和傑出的學者。

他七歲進私塾，十多歲跟著祖父讀《資治通鑑》及《孫子》、《吳子》等兵書。從小到老，幾乎沒有一天不讀書，許多重要的歷史著作，他都能背誦。他還閱讀各朝的實錄、野史、筆記、天文、地理、詩賦、詞章等，特別注意研究當時的現實問題，搜集和閱讀《明十三朝實錄》及公文、奏議、邸報，甚至連一些州府縣的地方誌，都仔細研究，重要部分作上標記以便以後再讀。

顧炎武讀破萬卷書，博取各家之精華，成為一代學者。

宋代的著名科學家燕肅一心探究潮汐規律，雖然在燕肅以前的學者對潮汐的成因和規律，研究甚多，但眾說不一。

燕肅虛心學習前人知識，但他卻不滿足前人之說。

為掌握潮汐規律，對潮汐做出正確的解釋，燕肅踏遍廣東沿海，花了十年時間，實地考察，詳細記錄，最後終於掌握了潮汐的漲退規律，提出了與前人不同的「潮汐隨日而應月」的正確見解，並寫成了研究潮汐的專著《海潮論》兩卷，編繪了《海潮圖》一書。

我們在治學時要批判繼承地學習，取其精華、去其糟粕，並要學會靈活運用。

讀書治學要有所成就，就必須能理論聯繫實際，否則就只能成為一個死抱書本不放的學究。其實，我們的為人處世，一要學，二要化，三要聯繫實際，四要善於總結實踐經驗。

勤能補拙，只有勤奮才能克服一切困難，成就一番事業。如果沒有勤奮，就算有再好的條件，也很難取得最佳效果。

智慧點滴

「書山有路勤為徑，學海無涯苦作舟。」學習要靠勤奮，才可能有所成就。至於那些智商一般的人，則更需要以勤補拙。所謂「笨鳥先飛」講的就是這個道理。早動手、勤動手，將自己的先天不足用勤補回來。

錦囊35

善讀「無字之書」

讀萬卷書，行萬里路，是說人要有較多的知識和豐富的閱歷。

古人云：「紙上得來終覺淺，絕知此事要躬行。」讀書學習獲取知識固然重要，但實踐獲真知也是必不可少的。

知識就是力量。尤其現在是知識經濟時代，誰擁有了知識，誰就擁有了追求成功的第一要素。

隨著時代的發展，人們打破了往日對知識的理解。

人們已認識到：知識與能力並不完全是相等的，知識並不等於能力。廿一世紀對能力界限的新要求，迫使人們重新審視自己所學的知識。

但不管時代怎樣發展，你都應使頭腦保持清醒，你必須清晰明瞭地理解知識與能力的關係。

培根在提出「知識就是力量」的口號以後，又明確地指出：「各種學問並不把它們本身的用途教給我們，如何應用這些學問乃是學問以外的、學問以上的一種智慧。」

但有了知識，並不等於有了與之相應的能力，運用與知識之間還有一個轉化過程，即學以致用的過程。

中國古代有句諺語：學了知識不運用，如同耕地不播種。

如果你有很多的知識但卻不知如何應用，那麼你擁有的知識就只是死的知識。

因此，你在學習知識時，不但要讓自己成為知識的倉庫，還要讓自己成為知識的熔爐，把所學知識在熔爐中消化、吸收。

你應結合所學的知識，參與學以致用的活動，提高自己運用知識和活化知識的能力，使你的學習過程轉變為提高能力、增長見識、創造價值的過程。

你還應加強知識的學習和能力的培養，並把兩者的關係調整到黃金位置，使知識與能力能夠相得益彰、相互促進，發揮出巨大的潛力和作用。

你要想讀好「無字之書」，就必須腳踏實地，有深入調查及求實的精神。

要想讀好「無字之書」，必須步步留心，時時在意。

《紅樓夢》第三回描寫了黛玉初到賈府的情形，「惟恐被人恥笑了他去」，於是便「步步留心，時時在意」，也因此觀察到了賈府很多「與別家不同」的地方。只有那些有心人，才能以敏銳的觀察力，在平凡之中見其奇特之處，並對其加以捕捉、觸類旁通、窺知奧秘。

智慧點滴

善讀書，而不惟書，把「有字之書」與「無字之書」進行結合，這是獲取更多精神財富，成就大事的一條準則。

錦囊36

成功者應學無止境

人應該有志向，而志向的建立，又是需要與學識聯繫在一起的。成大事者，均有一個良好的學習習慣，就是博覽群書，只有運用廣博知識的力量，才能實現心中的目標。

漢代的王充，亦是通過敏而好學，刻苦努力而成功的。

王充，東漢時會稽上虞人，他出身「細門孤族」，一家過著清貧的日子。在《論衡．自紀篇》中，王充這樣敘述自己的青少年時代：童年時與其他兒童遊戲，不隨便打鬧，六歲開始識字，八歲進書館學習。他請老師講授《論語》、《尚書》，一天能背一千多字。約十五歲時，王充到京師洛陽進太學深造，他「好博覽而不守章句」。即學習時不拘於經典詞句，而是博覽群書。

由於家境貧寒，買不起書，他經常到洛陽的書肆中去看書。在熱鬧的街市裏，他也能全神貫注，甚至暗暗背誦下特別好的詞句。

王充學成之後，回到故鄉，一面授徒講學，一面開始自己的著述。曾希望自己能當官出仕的王充有過相當大的政治抱負，希望自己能有所作為。但是，當時門閥豪族控制仕途，英俊皆為下僚，王充出身寒庶，其思想見解又不為當時的統治者賞識。所以，他只做過幾次幕僚一類的小官，還常常因意見不合而被迫辭職。

晚年生活困苦的王充在七十一歲時去世，而直到他去世，也沒有多少人知道他的著作。

直到東漢末年，經過蔡邕、王朗等人的推許，一些著作才逐漸流傳開來，這位偉大而傑出的古代唯物主義思想家的著作才得以流傳後世，成為偉大而寶貴的民族文化遺產。

這筆文化遺產，如果沒有王充當時的勤奮學習，珍惜分秒的精神，就只會是「產」而不能「遺」了。

著名心理學博士施瓦特曾說過：「只要你每天晚上在臨睡前給自己十五分鐘的學習時間，我保證你一年之後便會成為我們中的一員。」

因此，不要為自己找藉口，要養成好學上進的習慣，不斷完成學習目標，為成功打好基礎。現在開始學習一點都不晚，而且你的身邊會有無數的機會。

從每個可能的地方努力攝取知識，這是使人知識廣博的惟一方法，廣博的知識可以使你遠離狹隘、鄙陋，使你的胸襟開闊。

這樣的人才能夠從多方面去「接觸人生，領會人生」，而他的趣味，也是廣大、深厚，他的人品將是寬厚的、仁和的。

智慧點滴

成大事者，都有一個良好的學習習慣，就是博覽群書，只有運用廣博知識的力量，才能實現心中的目標。

錦囊37

把握一切學習的機會

很多學生在校時，學到許多的知識，但當踏上社會時，與實際現實不融，不能學以致用。這不能不說是現代教育體制的一種悲哀。傳授知識是一回事，組織運用知識又是一回事。

美國擁有據稱是世界最龐大的公立學校系統，然而，美國人並沒有因為上學校和圖書館不用花錢，而對這兩者有什麼特別的印象。正因如此，很多人停學去工作以後，又發現有必要受點訓練。這也是很多從業者會優先考慮錄用那些在家進修過研讀課程的人作為員工的原因之一。

這些就業者，胸懷大志，願意割捨閒暇，花時間在家讀書，具有構成領導力的那些特質。

社會上有一部分人，存心不良，總是利用那些不知怎樣去保護自己財產的人的弱點，而騙取他們的金錢。他們知道，一種迷人的說辭，一種誇張的廣告，一種措辭巧妙的傳單，就可以將那些忠厚的人們辛苦賺來的金錢裝進自己的錢袋，因為他們相信愚昧是無知造成的。

一個用汗水換來金錢的人，會在不經意間讓自己辛苦積下的金錢，從自己的手中漏到那種最不可靠的投資項目上。他們「捨得」將自己的金錢送給相隔千里不曾謀面、也毫不熟悉的人手中，實在太可憐，真是大怪事！

許多人因為將「代理」全權賦予律師或商務代辦，而得到悲慘的結局。大多數不諳世故的人，都不明白「全權代理」的真正意義與重要性。

所謂「全權代理」即是賦予別人處理你的財產就像處理他自己的財產一樣的權利，即是使別人代表你的人格。受你委託的人可以為了任何事情而代簽你的名字。他可以隨意支配你的財產，他可以從銀行中支取你的存款，他可以代表你做一切決定。至少，在處理營業事務上、法律上，都是全部代表著你。

所以，要委人全權代理，對於人選必須十分謹慎。除了品行、人格為社會所公認，其商業知識及對人、對物的經驗都應極其豐富，否則不應輕加委任。

因此，不管你是從事何種職業的，千萬不要忽略掉一種健全而完備的職業和社會知識訓練！它可以使你避免上當受騙；免去許多負累、痛苦與艱辛；可以使你免嘗家道中落、傾家蕩產的苦味；可以使你免為奸詐的騙子的傀儡。

你應該相信自己獲取知識的能力。

從現在開始，制定一個嚴格的學習計畫，不斷地努力，增加知識，增加能量。

智慧點滴

不管你是從事何種職業的，千萬不要忽略掉一種健全而完備的職業和社會知識訓練！它可以使你避免上當受騙；免去許多負累、痛苦與艱辛。

錦囊38

尋求獲取知識的途徑

首先要問自己一些問題，你的人生目標是什麼？你最終想從事什麼職業和想成為一個什麼樣的人？然後再根據你的目標選擇專業知識，向朋友諮詢，哪些知識的來源對你最有幫助，哪些知識是你靠得住的。

其中最重要的是：

一、每個人自身的知識和經驗。

二、經由智囊團，可以得到的經驗和知識。

三、名校、高校。

四、公立圖書館。

五、特定訓練課程（各式補習班和大學進修部、函授課程等）。

所吸取的知識要能幫助你達到確切目標，專才已被越來越多的單位所青睞，例如，受過會計、統計訓練的商學院畢業生、各類工程師、建築師、化學師、新聞從業人員以及傑出的資深領導人員、活動人員等。

在校園中活躍的分子，能和各類人相處共容，相較那些只懂死讀書的學生，肯定是近水樓臺先得月。

這些人當中，有些因為條件完備，得到好多個工作機會。

有一家處領先地位的工業公司寫信給摩爾，提到該公司需要的人才時說：「我們是想找出可以在管理工作上大放異彩的人。因此，我們強調人格特質、聰明才智以及操守品行，遠甚於特定的教育背景。」

卡內基說：知識在沒有到達能活用它的人的手中之前，它只能算是潛藏的力量，還不能算是利器。

那些卓然有成的人之所以能異於常人，乃在於他們知道應該採取什麼樣的行動。

在美國，能扭轉人生的特別知識俯拾即是。在每間書局、每家錄影帶店、每座圖書館裏，從各類的演講、研討會、教學課程中，你都能得到所需的知識。書店的暢銷書排行榜，更不乏追求個人成功的書籍，這樣的書單日日增加，我們所需的知識亦在其中。然而，為什麼有人卓然有成，有人卻依然故我？為什麼不是人人都能獲得能力、快樂、財富、健康以及成功？

問題就在於僅僅擁有知識是不夠的，我們在看到那些有不凡成就的人時，經常會有一種錯覺，以為他們擁有某些特別的天賦。

可是在深入探究後，我們就會知道，他們之所以異於常人，乃在於他們知道應該把知識這個潛藏的力量發掘出來，使它成為自己手中的利器，並勇往直前，進而把自己造就為時代的巨人。

智慧點滴

所吸取的知識要能幫助你達到確切的目標，知識在沒有到達能活用它的人的手中之前，它只能算是潛藏的力量，還不能算是利器。

錦囊39 掌握有效學習的方法

孔子說：「盡信書，不如無書。」即學習要講究方法，不講方法的死讀書，就算讀一輩子也沒有任何價值，更不用談成功了。

學習的方法有多種，我們可以歸結為以下幾個方面：

一、興趣法

「好之者不如樂之者」，就是說我們越喜歡某一事物，就越喜歡接近和接納它。興趣是人們行動的一種動力。只要對某些知識產生了興趣，就會拼命地去理解、記憶、消化這些知識，並會在這些知識的基礎上總結、歸納、推廣、運用，從而做到精益求精、推陳出新，從而推動整個社會向前發展。因此，我們在學習某一知識之前，首先要建立對它的興趣，以達到掌握的目的。

二、動機法

動機，是推動人從事某種行為的念頭，在動機的驅使下，人總會想盡一切辦法為了這一願望而努力奮鬥，克服重重阻礙，最終達到目的。

動機不同，產生的效果也會不同。好的動機有利於人本身的發展，壞的動機就會使事情向著壞的方向發展。如果你想走向成功，就要有一個良好的思想動機，使得事物的發展出現良性循環，使你在良好的動機下去學習，從而成就一番事業，為社會貢獻出一份力量。

三、理解法

人都有對事物進行判斷的能力，對某一事物或某一知識有認識，就會很容易地把它變成自己的知識。

比如說「井底之蛙」這一成語，我們可以想像一隻健康的青蛙坐在一口深井裏，眼睛直瞪瞪地望著井口發呆，而井口外面，則是白雲、藍天，井底則只有青草、水、昆蟲。雖然這隻青蛙本身健康，不愁吃喝，然而牠卻呆呆的，為自己見不到外面的大好風景而發愁。這樣一理解，「井底之蛙」的含義就非常清晰了。

四、聯繫法

自然界中的一切事物不是孤立的，而是有聯繫的。正如自然界的食物鏈：兔子吃草，而兔子又被鷹或狼吃，狼又被虎吃，而鷹和虎死後，其屍體又腐敗變質，供草吸收其營養成分。

在這幾種動植物之間，就形成了一個食物鏈，它們就構成了互相聯繫的一個整體。如果草絕，兔子就會亡，反之，如果兔子多，草就會被大量食用，當草被食用過多時，兔子就不免缺少食物而亡，這充分說明，自然界的萬事萬物，是一個普遍聯繫的整體。

知識，正是人類在長期改造自然的過程中發現的，各種知識間也是相互聯繫的。當我們對某一事物缺乏瞭解和認識時，我們就可以從與其有聯繫的事物中來認識它。

五、聯想法

人類區別於其他動物的根本，就在於人有思維。有了思維，人對自然和社會就不是無動於衷、無可奈何了，而是積極地創造條件，來解決自然和人類社會的各種問題。而聯想正是一種有效的方法。在我們的學習中，聯想能使我們更好地掌握知識。

歷史課本中的數字枯燥無味，但是，有些事件是和這些數字緊緊相聯繫的。因此記數字就可以與這些歷史事件聯繫起來記，這樣就避免了數字之間的相互干擾，同時也增加了學習的趣味性，起到了雙重效果。

六、對比法

從猿類進化成人類以後，人類就在地球的各個地方生活，而這些地方的環境和人類生活習性是有差異的，這些差異就導致了歐洲人與亞洲人身材、膚色、毛髮等方面的不同。但在生理學上，均用「人」這個概念來記之。而實際上，歐洲人與亞洲人是有很多不同的。

在學習中，當兩個概念或事物的含義相似的時候，我們往往容易搞混淆，而在這個時候，運用對比法就能夠搞清楚二者之間的明顯區別。也就是說，它們相同的地方我們暫時不講，我們只比較它們之間不同的地方，這些不同的地方，就是某一事物的獨特特徵。理解了這些獨特特徵，也就抓住了這一事物的本質，從而也就能掌握這一事物的有關知識。

七、復習法

人的大腦對知識的記憶是有一定規律的，教育學家們曾用遺忘曲線來作一個形象的說明，指出如果在你的遺忘之前去復習、鞏固它，那它就能迅速恢復並牢固記憶。孔子所說的「溫故而知新」，是非常有道理的。

八、綜合法

如果把已有的知識像電腦一樣，統統分成某幾個類別，同一類別存入某一區域，到需要時再「取」出來使用，效果會更好，再把某幾類的知識用來綜合記憶分析，自然會得出更新的知識。

九、目標激勵法

目標是一個人奮鬥的方向和準則，用目標來激勵自己，不斷地學習，應該是年輕人必備的一種學習方法。

陳景潤是我們熟知的數學家，當他第一次在他的老師沈元那裏聽到「哥德巴赫猜想」時，就下定決心去攻克這個難題，並終於取得了舉世矚目的成就。

可見，有了目標，人就具有了前進的路標，就會不管道路多麼泥濘艱難，都會向著目標一步步前進。獲得知識，也應該這樣，不停地用目標來激勵自己前進、前進，不斷地學習，才能使人們在求學的道路上，奮力拼搏。

智慧點滴

不停地用目標來激勵自己前進。不斷地學習，才能使人們在求學的道路上，奮力拼搏。那些卓然有成的人之所以能異於常人，是因為他們知道應該採取什麼樣的行動。

錦囊40

永遠不要停止學習

正規教育體制所強調的那種外部導向的教育，給很多人的青少年時代留下了不愉快的記憶，由於這個緣故，一旦最終學成離開了學校，他們就放棄了學習。

過去的日子在他們看來是一場惡夢，一切都在老師的支配之下進行，只有畢業的這一天才是他們自由生活的開始。因為他們不願接受進一步的教育，實際上，以後塑造他們思想的，主要是環境、媒體、他們的同伴，以及所謂的專家。

正規教育的終點應該是自我教育的開始，後者的目的不再是為了高分，或者為了確保就業，而是培養對周圍事物的理解力。

只要我們始終堅持學習瞭解自身、瞭解周圍世界，可以說未來的鑰匙就掌握在我們自己手裏。

這種學習可以使我們保持敏感和活力，可以處處先發制人，而不是後發制於人，還可以為我們的生活帶來一些積極的變化，提高我們的自我意識。

教育實際包括了很多層面的內容：知識、資訊、技能、價值，還有領導能力。

每個人都有自己的著重點，選擇這些方面的學習，事實上意味著選擇了一種生活方式，我們自己主動為我們的生活尋找變化，那些未知的領域不再讓我們感到害怕，相反，我們懷著濃厚的興趣去探索它的奧秘。

一旦我們踏上征程，開始關注、瞭解我們周圍的世界，我們很快就會得到回報。在這裏，學習就意味著發現、喚醒、思考，學習的過程就是不斷為我們帶來自信、果斷、歡樂和興奮的過程。

這種學習的一個重要內容是，摒除我們思想中的舊觀點、舊習慣，為新思想的產生創造條件。

這時候，你需要放棄自己以往的思考方式，用新的取而代之。

要做到這一點，你不妨問問自己：是什麼在阻礙我實現自己的目標、夢想？我是否在抗拒變化？我在抗拒什麼變化？怎樣才能克服這些阻礙？

其他與我們有近似目標的人，我們要注意聽取他們的經驗和教訓。

尤其是那些已經到達目標的人，我們可以請教他們，他們是如何改頭換面、除舊迎新的？還有，不要忘了我們的朋友和伴侶，聽聽他們的意見，看看他們認為我們身上還有什麼需要克服。

接下來，你需要幾位能夠引導你上路的人。

看看周圍有沒有那些和你在追求相同目標，而且已經達到目的地的人，多向他們徵求意見。如果身邊就有那最好，多向他們學習；如果身邊沒有，就多留意，功夫不負有心人，你一定能找到的。

找到以後，你可以有各種向他們求教的途徑，這主要取決於你要學習的內容，可以在當面交流，可以在電話裏切磋，可以閱讀他們的著作，看他們的傳記，出席他們參加的討論會，聽他們的廣播錄音，或者，也可以通過網際網路。

總之，方式可以千變萬化。你要相信這樣的人一定是存在的，你需要做的就是找到他們。

不要被那些名不副實、徒有其表的專家蒙蔽，你要找的是那些真正有一技之長、在自己的專門領域有豐富的實踐知識和實踐經驗的人。因為，你並非要去學什麼皮毛的知識，而是要成為這個領域真正的行家。

還有一點非常重要，要注意為自己選擇一個良好的學習氛圍。

研討會、興趣小組，或者是旅行中，或者書店，還有圖書館，這都是很好的選擇，在這些地方，你會源源不斷地有新思想湧出。

你需要的，就是時刻注意學習，不要輕易放過自己的任何經歷。每一次經歷都會帶給你收穫的。

至於傳統意義上的知識和資訊的學習，你必須先問自己，要達到自己的目標，還需要哪些知識？答案出來以後，對於那些會有助於你實現目標的知識，不要忽略，仍然要投入時間、精力學習；而其他你認定對你並無多少幫助的知識管道，比如我們每天都深受其害的大眾媒體，要盡可能保持距離。

這時候，你每天需要抽出一定時間，全身心地放在學習上，不要讓任何事情來打擾，因為這樣學習的效率才會提高，你可以更快地學到你所需要的知識。現在，情況雖然有了改善，正是因為我們每天所學的都是自己真正感興趣的東西。

書籍、報刊、雜誌，還有一些網際網路上的線上節目，都是很好的知識來源，各有自己的特點，每個人都應該學會利用，從而更好地獲得自己需要的知識。

各種視聽媒介、研討會、學習興趣小組、電腦線上服務，都給我們帶來很多便利，甚至旅行也是一個好方法。當然，如果條件許可，最好的當然是直接向那些經驗更豐富的人求教。

在我們邁步向前之前，我們先要退回自己的內心深處，看看自己還有哪些需要提高、改善的方面。我們是否太過於謹小慎微，缺乏勇氣和膽量了？我們是否太缺乏對未來的勾畫，和對自己的信心了？我們是否注意力太分散，以至於妨礙了我們實現自己的目標？我們是否有意在回避需要解決的問題？每個人都會遭遇各種各樣的問題，不要找藉口把它留給明天，現在就著手去解決它。

我們要學習的，包括各種技術方面的、與人有關的和社會方面的技能，其中，與人本身相關的那些技能，是我們學習、掌握其他技能的基礎。

此外，社會的技能也很重要，我們和家庭、朋友、同事以及其他人的關係處理得如何，將直接決定我們的幸福和成功。

至於技術方面的技能，則多數和從事的職業有關。如果我們希望在自己的領域出人頭地，那麼，掌握這些技能非常重要。

我們需要先瞭解，對於專業領域上的成功，有哪些技能需要掌握，永遠不要間斷對自己的培訓、教育，要和這些領域的成功者多接觸、交流，向他們學習。

有時候，要獲得事業的成功，還需要你能夠扮演領導者的角色。

這時，你需要有明確的價值觀念、品性端正、為人表率，而且，要時時注意關心他人。從而，你對你的下屬也會發揮一種積極健康的影響力。一個人一旦開始領導自己，同時也就開始領導別人了。

以後，你可能還會發現，有些項目、活動如覺得非常有意義，那麼不要遲疑，去推動它的實施，因為這也是你實現自我教育的一個有效手段。

遇到了和你志同道合的人了嗎？那麼就主動去創立一個小組或者協會吧；如果有自己看中的什麼委員會，就加入進去為它服務；或者，覺得有必要開辦什麼教育課程，就出來擔當責任；最後還有一點很重要，多結交新朋友。

很多人有一種不好的傾向，他們太專注於自己的專業領域，對於周圍其他活動一概不感興趣。雖然，要在一個領域有所成就是需要花費大量時間的，但是因此我們就把自己同環境隔絕起來，把一切外界的刺激都視為多餘的干擾，這種做法實際非常短視，並不足取。

我們應該追求全面、綜合的發展。事實上，多種多樣的經歷可以幫助我們提高生活的辨別能力，明智的做法是在各種經歷之間保持一種平衡，而不是顧此失彼。

總之，最重要的一點是不要放棄學習，不要回避那些基本的問題，要盡力去尋找答案；要學會在暫時還不能找到答案的時候，如何去生活。

讓自己面向未來、面向無限的可能性去生活，讓自己成為熱愛學習的人，你會發現你的生活從此有了徹底的改觀。

最後，需要記住的是，正規教育的目的是為了讓你記住各種事實、資料，而本書的目的，是為了讓你過一種快樂、成功、明智的生活。

智慧點滴

教育是一個持續不斷的過程，並不因我們從學校畢業而結束，可以說，它貫穿於我們生命的始終。一生中追求一種平衡的發展，是每個人的一項重要任務。

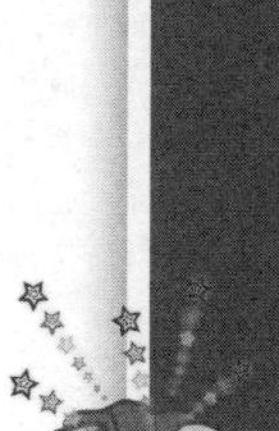

第五章

慷慨仁慈，廣播愛心

★為人以善天地寬

★讓心胸更寬闊

★予人方便予己方便

★與人為善即是與己為善

★友好地處理與他人的關係

★讓自己有一顆仁愛之心

★讚美能改變人的一生

★給不幸者溫暖

★愛自己也愛別人

★愛可以承擔一切

錦囊41

爲人以善天地寬

人類是個相互依賴的群體，人在社會中生活，誰都離不開誰。因此，和諧的人際關係，對一個人能否在社會中順利成長、有所成就至關重要。但在現實生活中卻不是每個人都能擁有和諧的人際關係，因此，或多或少直接影響到工作和生活。

一、不以自我為中心

一個學生的成才就很有說服力。

在高一時，向來成績不錯的他，突然在期中考試時語文、數學、英語三門課都不及格。教數學的老師看到後非常著急，特地把他叫到辦公室，耐心地詢問他生活、學習中是否遇到什麼問題。看到他衣著單薄，還硬拉著他出去買了一件厚毛衣。

這個學生雖沒有向老師說明原因，可在以後的學習中卻迅速地趕了上來，重新成為班上的資優生，並在聯考時考入一所大學的數學系。

他在給數學老師的信中寫道：

「當初，由於父母不和，我在家裏體會不到溫暖，便因此失去對生活的信心。那次考試我是故意的，我就是想看看人世間到底還有沒有人關心我。可是，國文老師對此無動於衷，英語老師只是用一種異樣的語調讀完我的分數，又輕蔑地看了我一眼。只有您對我噓寒問暖，關心備至，讓我體會到一種父親般的關懷。真的，在以後的日子裏，我始終把您當做父親看待，並立志成為像您這樣的老師。」

這封信使劉老師出了一身冷汗，他萬沒想到自己的無意之舉，背後竟有如此「驚心動魄」的故事，也暗自慶幸自己沒有像其他兩位教師那樣做。在以後的工作中，劉老師更加注意關心、愛護學生。這充分說明了人與人之間的關心是多麼重要。

要時刻反省自己是否有以自我為中心的心態，是否有總是以自己為出發點來思考問題的傾向。如果存在，則應及時修正，把自己的注意力投向他人，在關注別人的同時做出自己的選擇。

二、欣賞、尊重別人

每個人都有許多讓別人欣賞的優點，固然不會有十全十美的人，但更重要的也不會有一無是處的人。

與別人相處時，一定要善於欣賞別人的優點，尊重別人的勞動，這樣才能獲得和諧的人際關係（當然，這並不是要你對別人的缺點視而不見，而是要求你別斤斤計較）。

某公司的破產頗具說服力，這家公司的老闆劉某，一貫生活嚴謹，嚴格守時。一次，新招聘的一位員工小宋令他很不舒服，雖然小宋在行銷部裏業績最好，但他不修邊幅的穿著、屢教不改的遲到「惡習」，經常受到劉老闆的批評。而小宋則認為我只是替你打工，能為你賺錢就行了，別的無所謂。

在小宋又一次遲到後，兩人發生了爭吵，小宋自感受到侮辱（劉老闆說他如果這樣下去就永遠只是打工仔的命），憤而辭職，轉投另一家經營同類產品的公司。那家公司的老闆對其才能非常欣賞，並委以重任。

對此感激不盡的小宋在工作中十分賣命，並將矛頭對準了劉老闆的公司。由於他對劉老闆的公司非常熟悉，沒過多久，劉老闆的公司就在競爭中敗下陣來。

劉老闆公司的破產與其用人的態度有直接關係。如果他善於欣賞別人的優點，小宋就不會另投他門，更不至於反戈一擊。而他的競爭對手就聰明得多，他在充分發揮小宋長處的同時，也為自己的公司帶來了巨大好處。

高明的人懂得欣賞別人的所作所為，而不是去挑剔別人。人與人相處要善於讚揚別人的優點，而不能去指責別人的缺點，更不能盯住別人的短處死咬不放。

三、勇於敞開心扉

生活中，有很多人出於「要面子」的心理，在與人交往、與人合作的過程中，不願敞開自己的心扉，不願暴露自己的弱點，在表現出「完人」形象的同時，使自己失去了改正弱點和錯誤的機會。

別人不知你的弱點，當然也提不出對你有益的忠告。

其實，敞開心扉，並不會傷你的自尊，反而可贏得別人的信賴，這也就是所謂的「以心換心」的含義。

王某的故事就很耐人尋味。由於在家中排行最小，從小備受照顧，導致其獨立自主能力很差，明明是自己可以做的事也不敢去做，在很多人眼裏他難成大器。

工作以後，科長派他獨自到外地出差談一筆業務。

這可把他為難壞了，不去吧，這是主管第一次安排的工作；去吧，自己又實在沒這個勇氣。萬般無奈之下，他敲開了科長的家門。他沒有編造什麼藉口，而是「實話實說」。

出乎意料的是，科長並沒有批評他，而是善解人意地派別人與他一起去，並在以後的工作中有意識地鍛煉他獨立工作的能力。

時間一長，他發生了很大轉變，工作也幹得有聲有色。在其大學同學的聚會上，他的表現讓昔日的同學大吃一驚。

王某之所以能發生這樣的轉變，主要得益於他那敞開心扉的勇氣，以及由此而得到的及時幫助。設想一下，如果他編造藉口逃避出差，而不是承認自己有弱點的話，他是不可能會發生如此大的改變的。

四、善於關心別人

在生活的道路上、在工作中，難免會遇到困難和挫折，在此情況下，更需要別人的關心、愛護和幫助。這種關心和愛護既能得到安慰，又能增添其克服困難、繼續前進的勇氣。

所以，生活中的每一個人，都應有關心、愛護別人的意識，因為，在你看來可能是微不足道的一點幫助、一點關懷，在別人那裏卻會產生很大的作用。

智慧點滴

互相關懷、互相鼓勵，應是處世待人的基本態度。人人都應具有這種心態，才能在順利完成自己工作的同時，最大限度地促進別人的成功。

錦囊42

讓心胸更寬闊

普通旅遊者與真正的旅行家是迥然不同的，真正的旅行家是不會按照旅遊指南上說的路線來實施自己的旅遊計畫的。真正的旅行家拒絕按照常規的路線來旅行，他們更喜歡人跡罕至的地方。他們通過與公共汽車裏的乘客或商店裏購物的人們聊天，得知那些在地圖上沒有標出的地方。這就是為什麼他們能夠找到那些只有當地人才知道的美麗瀑布、到安靜的林子裏散步；這就是為什麼他們能夠拍攝到那些隱藏於森林中的古代岩石。

還有，真正的旅行家絕不會按照直線的旅行路線行進，他們也不會預先制定嚴格的日程表。他們邊走邊觀賞風景，不時地回去看看自己遊覽過的瀑布。他們時常改變主意，甚至還會故意繞遠路。

這些都是值得效仿的做法。走出多年的千篇一律的生活，冒著吃驚、快樂、失望甚至暫時失落的危險去嘗試，只要你冒險一試，衝出原來的束縛，就能找到生命中新的方向。如果有可能的話，做一個真正的旅行家，不要成為普通的旅遊者。

一、尊敬與你有重要關係的人們

想一下自己與家人的相處是否快樂和諧，這周你花了多少時間陪他們，你們在一起的時候，有多少是「高品質的時間」；你們在一起的話題是什麼，是閒聊還是家務事，或是其他更重要的事情。注意那些對你們都很重要的事情。不管是誰，你不要忘記說「請……」和「謝謝」，儘量一次也不要忘，並且儘量保持和氣的態度，即使有時候你非常生氣。下面是一些可以提高你與親朋好友之間關係品質的建議，或許有助於你提高交際能力：

1. 給對方講一些你感興趣的事。
2. 唱一些傻傻的愛情歌曲給對方聽。
3. 共用一些對方最愛吃的食物。

4.到一個偏僻的沙灘或是一個緊挨小河或湖水的地方。
這不僅是為了浪漫，而是為了緩和你緊張的神經、培養一下平穩的情緒。
5.與朋友共同完成一件事。
6.一起娛樂。
7.陪女朋友聊天。
8.經常跟你的朋友打個賭。
經常打賭的朋友要比不愛打賭的朋友更親密。
9.即使跟朋友經常見面，你也不妨隔段時間給他寫封信或發個電郵。
要知道任何人都喜歡收到自己好朋友的來信和問候。
10.喝點香檳酒。
11.一起去散步。
12.經常送朋友一點小小的禮物。

二、享受安靜

當我們翻開日曆，你看到還有多少空白處？如果沒有留下空閒時間休息，我們就會過度緊張，有時甚至難以從這種緊張中解脫。就像一條鯊魚，即使在睡眠中也不停地游動。

孤獨使我們認清自己的所知所感。安娜．莫柔．林德伯格在《大海的禮物》中，強調了這一觀點。她這樣講道，因為只有空間才會使美麗開花，有了空間才能產生事和物，人們才會變得獨特而更有意義，生命因此也就顯得美麗。

為了使情感和精神健康成長，我們必須首先留出空閒。只有在閒暇獨處時，我們才會醫治心靈的創傷，並使之開闊。在閒暇的安靜中，我們才能聽到內心的真我對自己的生動而神奇的教誨。把生活定位於經常的沉思和安靜，可以使自我更有意義並獲得極大的內心平靜。

來做個實驗：每天給自己留出十分鐘——清靜的十分鐘。不要去想怎樣「利用」這時間，只要放鬆，安靜。盡可能地延長安靜的時間，儘管其他時間會很緊張。安靜地傾聽你的真我，用自己對自己的呼喚來鼓舞精神，並在安靜中休息，復甦。

現在，我們可以享受安靜帶來的好處了。

快樂是什麼？快樂來源於「簡單生活」。

文明只是外在的依託；成功、財富只是外在的榮耀，真正的幸福來自於發現真實獨特的自我，保持心靈的寧靜。

財富、健康和快樂的關係並不像很多人想像的那樣明確。事實上，有許許多多的人是在令人難以察覺的矛盾狀態下生活的。

一項統計顯示，在美國社會中，一對夫妻一天當中只花十二分鐘進行交流和溝通；一周之內，父母只與子女相處四十分鐘；約有一半的人處於睡眠不足的狀態。時間的危機實際上就是感情的危機。

每個人每天好像都在為一些大事瘋狂地忙碌，然後疲憊不堪，沒有時間顧及其他。每個人都在勞動、都在創造，但生活真的變好了嗎？

美國心理學家大衛．邁爾斯和埃德．迪納已經證明，財富是衡量幸福標準最差的辦法之一。

人們並沒有隨著社會財富的增加而變得更幸福，相反地，物質的進步有時反而使人作繭自縛。舉一個很簡單的例子，電話、傳真、電子郵件已經成為許多工作不可缺少的幫手，但如果每天的工作都要面對源源不絕的電子資訊，就很可能令人產生「資訊疲乏併發症」。

許多企業界的經理和資訊業的工作者抱怨，每天必須接聽的電話和必須處理的電子郵件，造成他們精神上莫大的壓力，「資訊疲乏併發症」甚至會造成長期失眠，嚴重影響健康。至於伴隨文明發展而來的噪音、污染等問題則更是人盡皆知的了。

但是，許多人在這樣的生存空間下感到「習慣」之後，習慣控制著他們的生活。你習慣每天早上七點起床，早餐的食譜基本是固定的，之後，流覽固定的一份當天報紙，之後，準時上班，不會注意沿途新開的商店和重新修整的草坪，想的是今天的工作時間表，從不遲到；工作更是一些例行公事和慣例的做法，包括與下屬吃飯，與客戶吃飯，與公司的經理共進午餐等等；回家後的事情也是固定的，甚至夫妻性生活的習慣和姿勢也是多年不變的。

習慣固定了人們的思考模式，使生活成為機械化的模式，結果是複雜了你的生活和你的心情。你有了固定的軌道和角度，可能只對自己的觀念感到愉快，無法接受別人的或者新的觀念。

習慣性情緒越多，個性也就越萎縮，從而逐漸失去創新的想法和動力，使我們成為受習慣支配的機器。

在習慣的支配下，我們對這個嘈雜的世界、混亂的習以為常，也許只有到臨終的時候，才會悲哀地發現，自己的一生，原來是這麼的不幸福。

早在一七三三年，哲學家湯瑪斯．富勒就寫過：「滿足並不在於積累更多的燃料，而在於多帶走一些火。」這句話是勸人別老是發火、生氣。脾氣暴躁真是一種很令人討厭、很具破壞性的病毒，它幾乎影響到現代社會的每一個人。

富勒的話告訴我們，不要太看重外在的物質和現象，而忽視了內心的真正需求。不要被那些不愉快的情緒所羈絆，現在就去做那些可能給你的生活帶來快樂的事情吧，比如去說未曾說出的話，或者買一輛更舒適的汽車。雖然人們總是在「當我……實現……」或「當……變好」或「當……成功」、「我就要……」而事實上，當目標真的實現以後，你就會發現又有新的期望和新的煩惱出現。

如果你把可以帶來快樂的事情總是放在一些「實現」、「變好」、「成功」之後，你就永遠得不到快樂和滿足。

將今天變成簡單而又滿足生活的第一天。不再遵循「當我實現……時」，煩惱就會消失。每天追求這些、追求那些，永遠都得不到滿足。最重要的是別和自己過不去，自己想做的該做就做，讓自己的腦子得到一點寧靜。

四、打開另一扇門

生命永遠不可能再回到起始地點、起始時間，改變是宇宙間最恆久的規律。不管我們喜歡不喜歡隨著時光流逝，沒有一樣東西會停留不前，我們必須接受一切變化。

琳達的丈夫要調到距她的親友千里之遙的一個城市去，這即將面臨的變化令她非常沮喪，她認為自己將無法適應新環境，因此激烈地反對丈夫接受新職務，甚至暗自希望丈夫不要帶她一起去。

後來，有一位朋友說服了她，說太陽雖在一個地方落下，卻會在另一個地方升起，她才決定盡可能地去接受這個改變。

為了交新朋友，她參加了繪畫班。在繪畫班裏，她顯露出以前從沒想到自己所具有的才華。不久之後，她們的老師籌備了一次畫展，琳達的作品竟然大受歡迎，從此，許多人向她求畫，委託她畫海景，她很快就成為水彩畫家了。

「我當時多麼幼稚可笑」，她寫信給她母親說，「這次改變給了我一個機會，讓我發揮出自己可能永不會發現的才能。」

假如我們學會欣然接受變化，從中求福，對眼前的種種難題和煩惱就能處之泰然，因為我們知道「這一切都會過去」。

記住，一扇門如果關上，必定有另一扇門打開。

伊莉莎白·康妮學到了我們所有人遲早都要學到的事情，這就是我們必須深知覆水難收的道理。環境本身並不能使我們快樂或不快樂，我們對周圍環境的反應才能決定我們的感覺。

那一天，伊莉莎白·康妮接到國防部的電報，說她的侄兒——她最愛的一個人，在戰場上失蹤了。

康妮一下子心煩意亂，寢食難安。過了不久，又接到了陣亡通知書。此時，她的心情無比悲傷。

在那件事發生以前，康妮一直覺得命運對自己很好。她說：「偉大的上帝賜給我一份喜歡做的工作，又讓我順利地養大了相依為命的侄兒。在我看來，我侄兒代表著年輕人美好的一切。我覺得我以前的努力，現在都應該有很好的收穫。」

然而，現在卻來了這樣一份電報，使她的整個世界都被粉碎了，她覺得再也沒有什麼值得活下去的意義了，她找不到繼續生存下去的理由。

她開始忽視她的工作，忽視她的朋友，她拋開了生活的一切，對這個世界既冷淡又怨恨。

「為什麼我最愛的侄兒會死？為什麼這麼好的孩子，還沒有開始他的生活就離開了這個世界？為什麼讓他死在戰場上！」她覺得自己沒有辦法接受這個事實。她悲傷過度，決定放棄工作，離開家鄉，把自己藏在眼淚和憂傷之中。

就在她清理桌子準備辭職的時候，突然看到一封她已經遺忘了的信，這是一封她的侄兒生前寄來的信。當時，他的母親剛剛去世。侄兒在信上說：

「當然，我們都會想念她的，尤其是你。不過，我知道你會平靜度過的，你總是積極地面對人生，我相信你一定能夠堅強起來。我永遠不會忘記那些你教給我的美麗真理。不論我在哪裡生活，不論我們分離得多麼遙遠，我永遠都會記得你的教導，你教我要微笑面對生活，要像一個男子漢，要承受發生的一切事情。」

康妮把那封信讀了一遍又一遍，覺得侄兒似乎就在自己的身邊，正在向自己說話。他好像在對她說：「你為什麼不照你教給我的辦法去做呢？堅持下去，不論發生什麼事情，把你的悲傷藏在微笑的下面，繼續生活下去。」

侄兒的信給了康妮莫大的鼓舞，讓她覺得人生又充滿著期望。康妮又回去工作了，她不再對人冷淡無禮。她一再對自己說：「事情到了這個地步，我沒有能力改變它，不過，我能夠像他所希望的那樣繼續活下去。」

康妮把所有的思想和精力都用在工作上，她寫信給前方的士兵——給別人的兒子們，晚上，她參加成人教育班。康妮要找到新的興趣，結交新的朋友。她幾乎不敢相信發生在自己身上的種種變化。她說：「我不再為已經過去的那些事悲傷，現在我每天的生活都充滿了快樂，就像我的侄兒要我做到的那樣。」

「昨天已成灰燼，明天還是薪柴，只有今天才是熊熊燃燒的烈火。」這是一句愛斯基摩人的諺語。

人們每天都有快樂從身邊走過，但問題是如何才能抓住快樂，每一天過得都非常有意義？

早上，當你醒來時，不要立即穿衣洗漱。躺在被窩裏，花一點時間，慢慢去體會一下你的感受。伸展開你的胳膊，然後慢慢蜷起來，把腳放在床上。提醒自己今天到來了，回想一下快樂的事，讓自己真正「清醒」。把自己想像成一個具有明亮眼睛，濃黑頭髮，整裝待發的人。讓自己精神煥發！

深呼吸三次，新鮮的空氣可以激勵人的心緒。抖落昨日的一切不順心，大聲喊：「我已經把昨天的一切不愉快忘掉了。」然後把腳挪到床邊站起來。

想像美好的一天開始了！舉起胳膊，深呼吸，想像太陽的光芒照耀在你的臉上，給你帶來了新的希望和快樂。放下胳膊，緊握雙手，做一個小小的總結，比如「我是一個充滿活力的人」。

五、欣賞大自然

不管你是在城市，還是在鄉村，也不說你是在海邊，還是在山林中，你總能找到大自然的精髓所在。青蛙背上的條紋，籬笆背後的菊花散發出的芳香，鑽石折射出的耀眼光芒等等，這些都使我們感到大自然是如此博大精深。我們是如此的幸福。我們生活在多姿多彩的世界上，在高山，在荒野，在河邊，在動物群中，在植物叢裏，我們呼吸著新鮮的空氣，腳踏著厚實的土壤，共同開發著大自然。世上許多偉大的靈魂教誨絕非偶然的事情，他們都在激勵我們去開發自然，但又要忠於自然。然而遺憾的是，現在都市生活的人們往往被高樓大廈和各種煙霧遮住了眼睛，與大自然隔離了。不過這也不礙事，以下給你提供一些有用的建議：

1.集中注意力在身邊的某一棵植物上。

認真觀察它的形狀、顏色和質地，然後去思考它與其他植物，與它旁邊的一切景物，與藍天是如何和諧完美地組成一個風景的。

2.讓你的窗外充滿風景。

每天欣賞一下窗外的自然風景可以使你心境平和，精神爽快。一項研究表明，剛剛做過手術的病人如果每天能夠看到窗外的綠樹，就可以減少止疼藥的服用量，還可以消除消極的情緒。而那些一天到晚盯著牆壁的患者，往往憂心忡忡，情緒低落。如果你的窗外沒有亮麗的風景，那就在你的室內掛起一幅瀑布或是森林的風景畫吧。

3.出去走走。

忙裏偷閒出去走走，看看周圍的風景，特別是找一些自然風景，讓它來調解你的情緒。如在公園，就看看樹木綠草；如在城市，就看看天上飄浮的白雲，這時你會發現你的身邊被美好的事物所包圍。

六、平衡理性與感性

許多時候，我們的感性與理性總是不太平衡。其實，只要協調得當，你的生活將會更輕鬆而美好。

「我並不喜歡這件衣服，可是店員推銷了半天，講得嘴都乾了，不買不好意思，就買啦！」「你管她嘴巴乾不乾，不喜歡就別買呀！幹嘛浪費時間聽她鬼扯！」這是人的感性與理性的對話。

選購一樣物品，如果考慮其品質、價格、實用性等，這是理性在做主；如果甩不開人情、偏好、直覺等，這是感性在當家。

理性太強，易讓人感覺冷酷、功利、絕情、自私；感性太強，總讓人感覺軟弱、猶豫、沒主張、好說話。

乙太太給甲主婦推銷了一台洗碗機，由於體積太大，且聲音吵人，所以並不實用。甲主婦想退貨，但怎麼也開不了口，只好擱在儲藏室，每看一眼就心疼一次。因為怕別的主婦也有相同遭遇，她便在聊天時提醒大家不要購買。這番提醒傳入了乙太太的耳朵裏，兩人的關係便因此而搞僵了。

甲主婦因為感性太強，在不好意思拒絕的情況下買了洗碗機，又在將心比心的情況下勸別的主婦不要購買。乙太太因為理性太強，在考慮業績的情況下，將並不實用的洗碗機推銷給他人，又在名利喪失的情況下與客戶翻臉。

如果甲主婦能多些理性，在購買前要求試用，或言明不實用即退還，便不致有後頭的僵局，如果乙太太能多些感性，確定產品的實用性，並熟知購買者心理後再推銷，便不致被鄰居們拒絕。

許多時候，我們的感性與理性總是不太平衡。比如，母親在理性做主下，望子成龍，她幫兒子報了四種才藝班，將兒子的課外時間排得滿滿的，這令兒子喘不過氣來，不得已與母親發生了爭執。如果母親能提升感性，讓感性與理性並重，她就會感受到兒子的不愉快，並且認知生活不該只著重於將來，而該讓兒子享受學習的快樂。

平時我們處理、決定事情，並不會感覺到理性、感性的存在，以致事後懊悔或得罪人。其實，人們都具有理性和感性，只是不平衡而已。只要協調得平衡，你的生活將會更輕鬆而美好！

七、愛人先要愛自己

有一位哲學家說：「要想讓人接受你，你必須首先接受自己。」自我接受或自我肯定是通向快樂的第一步。自愛和自我認同並非輕易就能做到，但只要每天持續為之努力，最終必能成功。只有對自己滿意了，才能擁有快樂。

下面這些策略值得你注意，不妨試一試。

1.首先要相信自己

生活中要有意識地創造快樂的結局。兒童時期所受到的傷害常常令我們沮喪，使我們總有「不如別人」的想法。這種念頭會挫傷我們的自尊。因此，工作時應盡力帶著「我有能力幹好這件事」的想法。

2.消除沒有自信的毛病

消滅你大腦中存在的所有「要是沒有……就好了」、「是的，但是……」的念頭，我們往往忽略了這種消極的自言自語會讓我們失掉自信心。如果你的想法很消極或者時常貶低自己，那將會挫傷自己的健康心理。如果你學會了清除消極的想法，防止消極思想的產生和蔓延，你的感覺將會更好，工作也將會更出色。

3.每天給心情做記錄

將它記在你的日記或日曆上。找一下到底是什麼原因使你的心情沮喪，將它們記錄下來，然後逐個消滅。

智慧點滴

假如我們學會欣然接受變化，從中求福，對眼前的種種難題和煩惱就能處之泰然，因為我們知道「這一切都會過去」。

錦囊43

予人方便予己方便

聯合志同道合的人一起工作，是通向成功的最行之有效的方法之一。與他們共同分享你的夢想，通過合作，你們能夠碰撞出奇妙的思想火花，結出富於戲劇性的神奇果實。

在生意場上，這樣的事情屢見不鮮，幾乎每天都在上演。無數事實證明，擁有相同理念的商家業主，即使他們為社會提供的服務和產品各異，其趣迥然有別，只要他們採取合作的態度，往往能獲得雙贏的局面，甚至取得更大的成功，遠勝於作為對手在市場上競爭對抗。

合作同樣有助於個體的發展。當兩個人聯合各自不同方面的技能和才幹，朝著共同的目標奮鬥，他們往往能收穫更豐盛的碩果。

合作才能共同發展，這是放之四海而皆準的真理。如果你學會與人合作而不是對抗，你就能夠更深刻地體悟人生的真諦，活得更豐富圓滿。在你追求目標的道路上，與那些有同樣目標並且具備你所欠缺的能力的人結盟合作，你能取他人之所長來補自身的不足，從中獲益。

幾乎所有的成功團體，無論規模大小，都是由與眾不同，各有千秋的個人所組成，每個人都能提供其他成員所不具備的特殊才能。你也需要與他人合作來達成自己的目標。

共同協作往往比單槍匹馬的個人奮鬥更容易成功。不要讓你的自我意識成為成功路上的絆腳石，你需要他人的幫助。

與人合作能營造和平安寧的生存環境，而永無休止的爭鬥只會導致毀滅。不必要的衝突對任何人都有百害而無一利。與人合作不僅能提供你所需要的一切，還能帶給你平常心去享受生活。

「予人方便即是予己方便」，這是生活的黃金法則。雖然聽起來像陳腔濫調，然而卻是最值得學習的經驗之談之一。還有一句與此相仿的諺語同樣重要：「種瓜得瓜，種豆得豆。」

如果你能按照以上的原則來生活，你就能獲得成功和幸福。

相反，如果你以蔑視、欺騙、操控玩弄以及謊言來對待他人，那麼總有一天，你會得到同樣的「回報」。

滿懷悲天憫人的愛心善待他人，你就能收穫同樣至善的果實。

這種建議聽起來也許太簡單樸素了，事實也的確如此。然而卻少有人像建議的那樣去生活。他們忙於算計如何通過爭鬥從別人身上榨取更多的好處。無論在商場上抑或在個人生活中，他們的惟一目標是佔有比別人更多的東西，蠅營狗苟。

從別人手中搶來的成功不能算作真正的成功。你應該靠自己的辛勤努力去贏得成功。只有當你感受到快樂，你才算擁有真正的成功，而只有當你使別人也感受到同樣的快樂，你才算是真的快樂。

那些窮盡畢生追名逐利，對他人漠不關心、缺乏尊重的人永遠也得不到真正的幸福。他們往往最終成為自己欲望的奴隸，從未品嘗過真正快樂的滋味。

對人要以誠相待，尊重禮讓。這樣做能增加你所得到的回報。寬諒他人對你的不公正對待，以德報怨能使你的品格更加高尚，加強你人格的力量。

慷慨大度地對待他人，不要期望別人回報以同樣的態度。你的慷慨和善意不僅僅帶給你今天的愉悅和歡樂，還能澤被你的將來，帶給你綿延不絕的收益。

真正的幸福只能通過幫助別人而獲得。

真心幫助他人實現夢想，你也能夠美夢成真。

智慧點滴

學會與人合作並幫助他們。在你的成功旅途上，讓他人與你相知相伴，共同分享和品味成功的喜悅。

錦囊44

與人為善即是與己為善

面對一美元的報酬，如果一個人總是思考如何運用自己的技能和富於創造性的想像力為這一美元竭盡所能地多做一些貢獻，而不是挖空心思的算計如何投機取巧，他就一定會贏得成功。

許多生意人和他們的雇員們總是盡可能地減少對客戶的服務，對他們而言，最好少到沒有。為了削減成本提高利潤，他們提供給委託人或顧客的服務通常只與客戶支付的數額相抵，有時甚至更少。

回想一下，你幾天或幾周前與某人做的那筆交易，你是否覺得你的投資得到了額外的報償？離開那家公司的時候，你是否想過下次願意繼續與那人合作？如果是，那說明這家公司的雇員很有可能是按照希爾先生所提倡的那樣，已經將「多做報酬以外的工作」變成了一種習慣。

當你的投資得到了上乘的服務和回報，你會與那家公司繼續生意合作關係。

然而，大多數時候，你都不得不應付那些不友善的雇員，他們不但沒把服務客戶當成樂事，反而把服務看作是麻煩的苦差事，巴不得越快結束越好。顯而易見的，對於這樣的公司，你當然不願意再和他們打交道。

不論你是老闆或雇員，如果你想成功，那麼，你就必須去培養這種重要的習慣：學會給客戶提供額外的服務。

其實，希爾的建議並不僅僅適用於生意，你可以把「給予額外的服務」變成習慣，可以給你的戀人、朋友、家人以及你遇到的每一個人意外的驚喜，而絕大多數人都想不到這一點。

走出你慣常的生活軌跡，給他人帶去快樂。作為回報，你也會變得快樂和滿足。為他人提供優質服務和意想不到的驚喜，使他們感到物得所值，你想要建立成功事業，沒有比這更好的方法了。這是個簡單易學的習慣，只要堅持下去，你一定會到達成功的終點。

一旦你找到了真正的人生目標，這個習慣將下意識地跟隨你。這是因為，一旦你確定了自己熱愛的目標並朝著它行動起來，你就能激發起內心的熱情，這種熱情能調動起你給予人們額外報償的積極性。

對於你熱愛的事情，你往往願意投入全身心一直去做。你通過做你喜歡的事去賺錢，而你的客戶又能因此從你這裏得到意想不到的額外服務，如此一來，每個人都成了贏家！

許多人都只想著如何用最少的投入賺最多的錢。如果你能打破這種偏執和狹隘的想法，給予他人額外的東西和禮物，你就會消除所有令人緊張頭疼的競爭。

如果你真的熱愛你自己、你的工作和你的生活，你會很樂意給予他人額外的「甜頭」。相反，如果你一心只想賺錢，要養成這樣的習慣無疑是很困難的。

從事自己喜愛的工作，你往往能長時間地全身心投入，精神抖擻而不知疲倦，並且更富創造力，效率更高。

你會滿懷火熱的激情去完成工作，而你也會因此更快速地朝著成功邁進。

從事自己喜愛的工作，你還能大大提高工作的品質和水準。你可以一舉兩得，一石兩鳥：良好的經濟效益和快樂的心境，而後者是用錢也買不來的無價珍寶。

通過服務他人，你可以樹立自己的聲譽。給予人們超出期望值的額外服務，你將會因此從眾人中脫穎而出，無論你從事什麼行業，人們都會更看重你。

當你的貢獻被大眾所認可，你也將從他們那裏得到更大的回饋。

為他人提供額外的良好服務不僅能提升你的個人價值，還能將你的生活技能發展至更高的層次。

把服務客戶、朋友以及所有你所愛的人當做是自己的一項特權，這是一種能為你帶來無窮非凡回報的投資。

人們都應該多思考如何給予，而不是處心積慮地囤積財富，試圖操控或對他人施加影響力。真正意義上的「給予」是不帶任何附加條件，也不預先期望什麼回報的給予。

「一來一往謂之禮」，說的是禮尚往來的道理，給出去的一定會回來，這個說法是很犀利準確的。

在生活中，你給予他人的越多，你所得到的回饋也越多。你可以給予一切東西，比如你的知識、金錢、才能或時間。哪怕是一個淡淡的微笑、一句友好的噓寒問暖，都能打動他人的心，贏得他們的真誠感激。

多為人們做一些在他們期待值以外的事，這會帶給他們意外的驚喜。與人為善即是與己為善，要將人際關係建立在互惠互利的基礎上，你提供給別人的幫助總有一天也能成為對你的幫助。

智慧點滴

給予人們超出期望值的額外服務，你將會因此從眾人中脫穎而出，無論你從事什麼行業，人們都會更看重你。

錦囊45

友好地處理與他人的關係

衡量人生成功與否的真正標準是你如何處理與他人的關係。當你對自己的人際關係感到滿意時，你就能體驗真正由衷的快樂。

從人際關係中獲得樂趣的能力就蘊藏在你的內心。

你與形形色色、千差萬別的人互相交流：你的愛人、父母、孩子、同事、朋友、與你有生意往來的商人，以及其他許許多多的人，數不勝數，不勝枚舉。你的幸福和快樂就是由你與所有這些人的互動關係所決定的。

絕大多數的人都需要一種被關懷、被愛、被重視的感覺。同時，他們還希望被人尊重。你可以因此掌控全局，你期望受到他人怎樣的對待，那麼，你就給予他們同樣的對待。

你具備在人生中創造圓滿和諧人際關係的能力。你所需要做的一切，就是承擔起你對待他人的方式的全部責任。

你必須改變你目前的心態和行為。改變他人不是建立圓滿人際關係的正確途徑。你主宰著你的思想，而你會成為什麼樣的人，又完全由你自己的想法所決定。

你的人際關係像鏡子一樣反映著你是如何看待他人的。你心中所想的都可能變為現實。舉例來說，如果你只把注意力用來關注人們的失敗或是他們所缺乏的品質，那麼，你與他們的關係將會因此變得消極和相互抵觸、敵視。

要想與人建立積極和諧的關係，你就必須消除內心對他人的評判。在自己心中設想你希望擁有什麼樣的人際關係，就如同構想你希望成為哪一種人。

你的人際關係同時還反映著你是如何看待自己的。如果你對自己充滿了消極悲觀的看法，你就會在不知不覺中把這些消極的不良感受傳染給與你交往的人。而如果你滿懷溫暖的同情心並樂觀地愛惜自己，那麼，你就能與他人一起分享這些令人愉悅的感受。

黃金法則：「己所不欲，勿施於人。」這是一條在人際關係中應嚴格遵守的重要原則。

敞開你的心靈，你可能不贊成他人的觀點也不喜歡他們的言論，無論如何，你應該學會耐心地傾聽。聽完別人的陳述，你再禮貌地表示自己有不同的意見，然後條理清晰地表達自己不同的觀點。如果你接受這條建議，你就能獲得更成功的人際關係，並從中體驗出更多的樂趣。

總是挖空心思地去挑剔別人，竭盡所能地去證明他人的錯誤，這些做法都是毫無意義的。

不卑不亢地待人接物，保持自己高貴的尊嚴，同時也要尊重他人，允許別人秉持異見，盡可能地求同存異。

在親近的人際交往中，不要試圖支配控制對方。你沒有權利去佔有任何人，也沒有人會喜歡被控制支配。每個人都是獨立的個體，他們都擁有自己獨立的想法。

學會真誠地去尊重他人，並努力做得盡善盡美。你不需要隨時與別人保持一致，也不必要強迫自己培養與別人相同的興趣愛好，更不需要違心地聽從、贊成他人的全部決定。接受他人真實的自我和他們的本來面目。

要善解人意，要盡可能考慮周全他人的需要，不要只是一門心思地專注於你能從別人身上撈取什麼好處，你誠心給予得越多，你從他人那裏得到的回饋就越豐盛。

不要過於在乎和拘囿於你與某人的關係到底屬於什麼類型，而應該以一種給予和信任的心態投入其中。

如果你虛情假意地與人交往。並且你從別人身上索取的東西遠遠超出你所付出和給予的，那麼，他人也會以同樣的方式回敬你。

要堅信你能創建任何你所希望的人際關係類型。積極樂觀地思考，在頭腦中想像描繪幸福快樂、圓滿和諧的人際關係的藍圖，你就一定能將之實現。

你的人際關係品質的惟一缺陷就是你自身品格的缺陷。

如果你發現一段關係很失敗，令你心煩，那麼，就不要再奢談去發展它，仔細地分析你的感受，如果你自信已經試盡一切可能的方法去維繫這段關係卻收效甚微，情況仍然無任何起色和轉機，那麼就應該立即果斷堅定地放棄這段關係。

人與人之間的關係只有建立在誠實的基礎之上，關係才能具有長久鮮活的生命力。如果你深深隱藏自己內心真實的感受，並且懼怕與人面對面地真誠交往，那麼，你就是不誠實的人。

不要讓怨憤在你心中蔓延生長，不要試圖掩藏你的憤怒和沮喪挫敗感。將其壓抑在心中。你必須學會與人溝通交流，說出你內心所有的真實感受，這樣才能消除在心理上困擾你的緊張和壓力。

不要試圖利用狂怒、苛責他人，或對一切以冷漠淡然的外衣來掩藏你自身的弱點，你應該表達出自己真實的內心。這是解決問題的惟一方法。

如果你感覺受了傷害，那麼就勇敢地說出來；如果你心裏恐懼害怕什麼，也請說出來。把這些感受從你的內心釋放出來。如果你故意壓抑你的情緒，你就會變得憤怒、沮喪甚至絕望無助。

許多人都習慣把自己的感受隱藏起來，不展示給任何人，因為他們擔心甚至恐懼別人會因此批評和指責自己。因為他們在內心控制壓抑著自己的情緒和思想。所以，他們內心的恐懼絲毫不易被人察覺，而他們在別人面前似乎依然是自信滿滿，若無其事。

過於擔憂、在乎他人對自己的決定會做出何種反應，這樣的人實際是允許別人來操縱控制自己。如果一個人太在乎別人對自己的看法，太在乎自己的決定會引起他人什麼樣的反應，那麼，他就已經失去了操控自己未來的主動權。

當你按照他人的意見和方式去生活、工作，那麼你就失去了對自己人生的主宰。如果你怕得罪人而唯唯諾諾，對別人言聽計從，那麼，你同樣失去了對自己人生的主宰。如果你不懂對人說「不」，或者對自己渴望得到的東西不敢提出要求，這就意味著你沒有掌控自己的人生。

現在就坦誠地表白你的感受。不要讓一些微不足道的小衝突發展成難以解決的大問題，糟糕得一發不可收拾。要防患於未然，在問題未變嚴重之前認真分析面對它，與同伴一起討論解決的方案，以此緩解緊張壓力。

如果你不採取任何有效措施來防止這些不良感受發展下去，那麼，當它們達到一種不可抑制的程度時，你將很難做到心平氣和地表達自己，而不憤怒或責怨他人。討論很可能會因此演變成激烈的爭吵，一切的解決方案將成為空談。

商業生活的關鍵在於誠信的服務。據說，商業是服務的科學。

給予最好服務的人總是能獲得最大的收益。服務他人的願望應該建立在誠實這一堅強基石之上。在人的一生中，無論在言語、思想或是工作上，越誠實就意味著越大的成功。

誠實賦予了人生不朽的價值，而對於商業則意味著光明磊落的成功。

智慧點滴

對你的愛人誠實地敞開心扉，袒露你內心所有的真實感受。學會誠實，你才能走出沮喪難過的陰霾，飛翔在自由快樂的天空。

錦囊46 讓自己有一顆仁愛之心

一、敞開心扉愛他人

生命的最大價值是向他人施予愛心。這個道理一般要經過一定生命過程的提示，許多人才能認識到。

你要養成一種可愛的性格，就要與人交往。你不能一個人過著孤獨的生活，卻還希望別人來喜歡你。

你要喜歡別人，你要仔細研究他們、觀察他們，對於他們的興趣、嗜好、希望、懼怕等，都要瞭若指掌，而且，你對於這些東西都應當表現出很重視的樣子。

愛自己，也愛別人，才能體現出生命的最大價值。這是追求成功者需要的心態之一。這些良好心態可以鞏固和完善我們的優良品格。懂得這一人生秘密的人，往往抓住了通行於世界的根本原則，能夠認識到世間事物的美好與真實性，並過上一種真實的生活。

我們很難估量施予的心態對我們生命的價值大小。無論發生什麼，都應該去面對生命，用健康的、快樂的、樂觀的思想去面對生命，都應該滿懷希望，堅信生命中充滿了陽光雨露。

傳播成功思想、快樂思想和鼓舞人心的人，無論到哪裡都敞開心扉，真誠地愛他人，去寬慰失意的人，安撫受傷的人，激勵沮喪洩氣的人。他們是世界的救助者，是負擔的減輕者。

要學會敞開心扉愛他人，讓仁愛之心就像玫瑰花一樣散發芬芳。當關愛的思想治癒疾病、為創傷止痛的時候，當那些與此相反的心態帶來痛苦、鬱悶和孤獨的時候，我們就真正領悟到了博愛的真諦。

一些人多年以來對其他人懷有深深的嫉妒甚至仇恨，儘管他們也許沒有意識到這一點，但這種心態使他們無法最充分地展現自己的才能，並因而破壞了他們的幸福。不僅如此，他們還營造了一種充滿敵意的氛圍，容易使得對他們有成見的人群起而攻之，容易引發衝突，這樣，他們的整個一生都因此而受到束縛。

我們心中絕對不能有嫉妒、仇恨和居心叵測的思想，也絕不能讓心靈受到各種不利情形的束縛，否則，我們必定會因此而付出很大的代價。

當一個人對他人懷有不友善甚或仇恨的思想時，他就無法做好他的工作。我們的各種能力惟有在身心和諧的情況下才能發揮到最佳的水準。怨憤、嫉妒和仇恨可稱得上是毒藥，而這些毒藥對我們身上那些崇高的東西又是毀滅性的。

要記住，我們一定要用博愛的心態去化解各種敵意，否則，我們便無法做好我們的事業。

對他人懷有仁愛之心，是一種善意的情感。有些人一輩子都少有惱怒，有些人一輩子都保持著心境平和的狀態，他們的生活很輕鬆、快樂、美好和幸福甜蜜。

這是因為他們愛天下的人，所以天下的人也愛他們。

二、為他人著想

有的人，非常無私、慷慨、仁慈，交際很廣，並且親切善良，有著高尚的靈魂，總是為他人著想，並且為周圍的人所愛戴，他們就像光明使者。

這類人生來就是快樂的，無論身處的環境怎樣，他們總是高高興興的，對任何事情都很滿意。在他們的視力所及之處都是愉悅和美麗的。如同蜜蜂從每朵盛開的花朵中採集花粉那樣，他們也擁有一種提煉快樂的法術，甚至可以讓陰霾的天空充滿燦爛的陽光。

在病房裏，對病人來說，他們常常比醫生更有用，比藥物更有效。所有的大門都向這些人敞開，他們處處受到人們的歡迎。

常為他人著想的人是迷人的人。我們沒必要對如何去感受他的偉大來作一番介紹，如果在一個失意的日子，你在大街上遇見這樣的人，你就會覺得心情似乎好多了。

在英國的一所古老莊園內的人們信奉著這樣一段話：

「真正的紳士是上帝的僕人，是世界的主人，是他自己命運的主宰者。美德是他的事業，學習是他的娛樂，知足是他的休息，快樂則是他的回報；上帝是他的父親，耶穌基督是他的拯救者，聖人是他的教友，而所有需要他的人都是他的朋友；熱忱是他的牧師，純潔是他的侍從，節欲是他的廚師，溫和是他的管家，好客是他的僕人，節約是他的出納，仁慈是他的看門人，謹慎是他的搬運工，虔誠則是他家裏的女主人，這些人在最恰當的時候為他服務。這樣，他的整個家都是由美德構築起來的，而他就是這個房子的主人。這樣的人必然會將整個世界帶上通往天堂的道路。一路之上，他努力著，盡其所能，他給自己帶來了靈魂的滿足，給他人帶來了心靈的快樂。」

仁愛的心使你的人生永不匱乏，幫助你激發力量，戰勝困難，超越競爭者，把不可能變成現實。

三、施予他人就是施予自己

我們經常會發現有些人做著一些對他人有好處，卻對自己「毫無用處」的事情。我們也許會嘲笑他們，譏諷他們傻。其實，他們才是真正聰明的人。向別人施予愛心，你終究會因此而得到回報，所以，也就等於向自己施予了愛心。

在古代曾經有一名商人在一團漆黑的路上小心翼翼地走著，心裏懊悔自己出門時為什麼不帶上照明的工具。

忽然前面出現了一點燈光，並漸漸地靠近。燈光照亮了附近的路，商人走起路來也順暢了一些。待到他走進燈光時，才發現那個提著燈籠走路的人竟然是一位雙目失明的盲人。

商人十分奇怪地問那位盲人說：「你本人雙目失明，燈籠對你一點用處也沒有，你為什麼要打燈籠呢？不怕浪費燈油嗎？」

盲人聽了他的問話後，認認真真地回答道：

「我打燈籠並不是為給別人照路，而是因為在黑暗中行走，別人往往看不見我，我便很容易被人撞倒。而我提著燈籠走路，燈光雖不能幫我看清前面的路，卻能讓別人看見我。這樣，我就不會被別人撞倒了。」

這位盲人用燈火為他人照亮了本是漆黑的路，為他人帶來了方便，同時，他也因此保護了自己。正如印度諺語所說：

「幫助你的兄弟划船過河吧！瞧！你自己不也過河了?!」人與人之間的互相關懷是可以治療彼此的傷痛的。

《嚮導》雜誌曾經刊登過這樣一則登山事故：

有一個人遭遇到暴風雪，迷失了方向。由於他的穿著裝備無法抵擋風雪，以致手腳開始僵硬，他知道自己時間不多了。

後來，他遇到另一個和他有著相同遭遇的人，幾乎凍死在路邊。他立刻脫下手套，跪在那人身旁，按摩他的手腳，那人開始有了反應。最後兩人合力找到了避難處。

之後別人告訴故事中的主角，他救別人，其實也救了自己。他原本手腳僵硬麻木，就是因為替對方按摩而消除。

「善心」是從不損失的投資。

愛默生曾提醒我們：「要做一個為後來者開門的人，不要試圖使世界成為死巷。」他又說：「此生最美妙的報償就是，凡真心幫助他人的人，沒有不幫助自己的。」

智慧點滴

不要吝嗇你的愛心。或許會有極少數的人不喜歡看你幾眼，但是絕大多數人對你而言，永遠是最重要的，絕大多數的人是不喜歡那些冰冷、自私的人的。

錦囊 47 讚美能改變人的一生

真誠的讚美，於人於己都有重要意義。對別人來說，他的優點和長處，是因你的讚美顯得有光彩；對自己來說，表明了你已被別人的優點和長處所吸引了。

生活中，我們應該學會去讚美別人。

在學校裏，很多老師都有這樣的經驗：對落後的學生，過多的處罰和批評是無濟於事的。但只要你對他們予以讚美，他們就會好上一陣子，似乎有了一種脫胎換骨的變化。

讚美固然不能給你的生活帶來實質性的改變，但往往對人產生深刻的影響，有的讚美甚至能改變人的一生。由於小小的誤會或久未接觸，人與人之間難免產生一定的距離。消除這些距離的有效方法，就是恰到好處地讚美對方，這樣雙方的關係和感情將會變得融洽。

將別人掛在心上，不僅可以減少自己的煩惱，而且有利於認識更多的朋友，得到更多的樂趣；耶魯大學的威廉·費爾普斯教授每到旅館、理髮店或商店時，就一定會和遇到的人談談話。

他要讓他們覺得他們是一個人——而不是一部機器上的螺絲。有時，他會讚美理髮店的女服務生眼睛或頭髮很美。他會問她們理髮時站一整天累不累，問她們是怎麼進入理髮業的，工作多久啦，幫人理過多少次啦。教授常跟行李搬運工握手，這會令工作了一整天的搬運工精神振作。

一個酷熱的夏天，教授到火車餐車上去吃午餐。餐車擠得水泄不通、悶熱無比，而服務又很慢。

服務生終於過來把菜單遞給教授，教授說：「在廚房做菜的那些人今天可慘了。」

服務生開始咒罵，教授以為他生氣了，他說：「老天啊！客人都在抱怨食物不好，他們埋怨服務太慢，又嫌這裏太熱、東西太貴。我聽這些抱怨聽了十九年，你是第一位，也是惟一一位對廚師表示過同情的客人，你使我們對這個職業充滿了信心。」

中國有一句諺語說：「送人玫瑰，手有餘香。」一個常跟搬運工握手，又能對廚師表示同情的人，你能想像他會終日愁眉不展嗎？他是不需要心理醫生的。

「稱讚對溫暖人類的靈魂而言，就像陽光一樣，沒有它，我們就無法成長開花。但是我們大多數的人，只是敏感於躲避別人的冷言冷語，而我們自己卻吝於把讚許的溫暖陽光給予別人。」著名的心理學家傑絲·雷耳如是說。

十九世紀初，倫敦有位年輕人立志成為一名作家。他好像什麼事都不順利。這位年輕人還時常受饑餓之苦。他幾乎有四年的時間沒有上學。他的父親鋃鐺入獄，只因無法償還債務。最後，他找到一份工作，在一個老鼠橫行的貨倉裏貼鞋油底的標籤，晚上在一間陰森靜謐的房子裏，和另外兩個男孩一起睡，那兩個男孩是從倫敦的貧民窟來的。

他對自己的作品毫無信心，所以趁深夜溜出去，把他的第一篇稿子寄出去，免得遭人笑話，一個接一個的故事都被退稿，但最後，他終於被人接受了。雖然他一點錢都沒等到，但是，一位編輯發現了他的才華，誇獎了他。他的心情太激動了，為此，他漫無目的地在街上亂逛，淚流滿面。

你也許聽過這個男孩，他的名字叫查理斯·狄更斯。因為一個故事的付梓，他所獲得的嘉許改變了他的一生。假如不是這些誇獎，他可能一輩子都在老鼠橫行的工廠做工。

實際上，我們似乎也經常犯類似的毛病。有的時候，我們對好的地方，總會視而不見，而不好的地方就像眼中釘一樣，一點點就會刺得我們跳起來。

如果這樣的毛病也表現在你身上，也許你應該開始養成讚美他人的習慣了。

讚美是件好事情，但並不是一件很容易就能做到的事情。

所以，要注意使用正確的讚美方法：

一、尊重事實，用詞得體

讚美只能在事實的基礎上進行。在開口稱讚別人之前，先要掂量一下，這種讚美有沒有事實根據，對方聽了是否相信，第三者聽了是否不以為然。一旦出現異議，你有無足夠的證據來證明自己的讚美是站得住腳的。

用詞也要得體。一位母親讚美孩子：「你是一個好孩子，有了你，我感到很欣慰。」這種話就很有分寸，不會使孩子驕傲。

但是如果這位母親說：「你真是一個天才，在我看到的小孩子中，沒有一個趕得上你。」那可能就會使孩子因過分驕縱而導致相反的結果。

二、曲線讚美他人。

在讚美別人時，如果太直截了當，有時反而會使他感到虛假，或者會使人疑心你不是真誠的。

一般來說，曲線讚美無論在大眾場合，或在個別場合，都能傳達到本人，除了起到讚美的鼓舞作用外，還能使對方感到你的讚美是發自肺腑的。

三、內容熱誠具體。

缺乏熱誠的、空洞的稱讚並不能使對方感到高興，有時甚至會由於你的敷衍而引起對方的反感和不滿。比如，我們經常看到有人在稱讚別人時所表現出來的漫不經心：「你這篇文章寫得蠻好的。」「你這件衣服很好看。」「你的歌唱得不錯。」

內容熱誠具體是讚美別人的訣竅。比如，上述三句稱讚的話可以分別改成：「這篇文章寫得很好，特別是後面一個問題特別有新意。」「你這件衣服很好看，這種款式很適合你的年齡。」「你的歌唱得不錯，不熟悉你的人搞不好還以為你是個專業演員哩。」

必須永遠牢記：人是喜歡被人誇獎、被人欣賞和讚美的，當你誇獎他比別人更強或某方面做得特別好時，他一定會對你十分感激。

四、通過對比讚美。

兩個學生各拿著自己畫的一幅畫請老師評價。老師如果對甲說：「你畫得不如他。」乙也許很得意，而甲心中一定不悅。不如對乙說：「你畫的比他還要好。」乙固然很高興，甲也不至於掃興。

五、合理利用讚美。

要一個人經常努力把事情幹好，首要的是激起他的自尊心。而用讚美來鼓勵就能樹起人的自尊心。有些人因第一次幹某種事情，做得不好，你應當怎樣說他呢？不管他有多大的毛病，你應該說：「第一次有這樣的成績就不錯了。」對第一次登臺、第一次比賽、第一次寫文章、第一次……的人，你這種讚美會讓人記憶深刻，終身難忘。

六、把握讚美的分寸

合理地把握讚美的「分寸」是一個必須重視的問題。這一點十分重要。因為適度的讚美，會使人心情舒暢；否則，使人難堪。反感，或覺得你在阿諛奉承。

一般來說，必須做到：

1.讚美他人要實事求是，恰如其分。

2.讚美的方式要適宜。針對不同對象，採取不同的讚美方式和口吻去適應對方。如對年輕人，語氣上可稍微誇張些；對德高望重的長者，語氣上應帶有尊重的口吻；對思維機敏的人，要直截了當；對有疑慮心理的人，表達要儘量明顯，把話說透。

3.讚美的頻率要適當。在一定時間內，讚美他人的次數越多，讚美的作用就越小，尤其是對同一個人。

智慧點滴

渴望讚美是每一個人內心的一種基本願望，將別人掛在心上，不僅可以減少自己的煩惱，而且有利於認識更多的朋友。

錦囊48 給不幸者溫暖

一、慷慨地施予愛心

還是先讓我們來看一段故事：

故事發生在佛羅倫斯市的一座公共建築物的臺階上，有一位年老體殘的士兵正坐著拉小提琴。在他的身邊站著一條忠誠的狗，牠的嘴上銜著這個老兵的帽子，不時地，經過這裏的人向帽子裏放上一枚硬幣。

這時有一個紳士路過，他停了下來，向老兵要來了小提琴。他先調了調音，接著就演奏起來。

於是，就出現了這樣的景觀：在這樣一個簡陋的場所，一位穿著體面的紳士正在拉小提琴，這真是兩個毫不相關的事物！人們紛紛停下了腳步。小提琴拉得太棒了！路人們都情不自禁地陶醉於其中。

於是，捐給那個老兵的錢的數目也大量增加了。帽子變得非常沉重，以至於那條狗都開始發出嗚嗚聲。帽子裏的錢被老兵取空了，但很快地又被裝滿了。聚集到這裏的人越來越多。這位演奏者又演奏了一首，然後將小提琴歸還給它的主人，然後飄然而去。

其中一個圍觀者終於從美妙的琴聲中醒過神來：

「這個人是世界聞名的小提琴家阿瑪德．布切啊！他出於善意做了這件好事，讓我們向他學習吧！」於是，帽子在一個又一個人的手中被傳遞著，很快又收集到了一大筆捐款，這筆捐款全部給了這個老兵。布切先生並沒有拿出自己的一個便士，但他卻使老兵的一天都在一種充滿幸福的心情中度過。

這個故事顯示出了藝術家高貴的品質。

詩人阿姆斯貝理說：「具有善良、溫柔、優雅的個性，在同情他人時表現得慷慨大方，並且時刻關注你身邊的人——那麼，你將受到人們對你的崇敬和讚美。」

二、給不幸者溫暖和力量

一九八三年十一月一日，雷根總統的辦公室裏請進了一位小客人。他叫比利，只有七歲。

小比利心中有一個美好的夢想——當美國總統。但小比利患了一種絕症，醫生說他不會活過十歲生日。得知此事後，雷根總統決定讓小比利臨時當一天美國總統，而自己則做這位小「總統」的助手。

小比利很高興，因為他終於「實現」了自己的總統夢。雷根向「新總統」詳細介紹了日常工作和職責範圍，隨後就忠實地侍候在小比利的身邊。部下呈上的文件，「小總統」都請雷根參加討論，取得一致意見後，請雷根代簽並蓋章。在辦公之餘，雷根與「小總統」進行了友好地交談。雷根告訴比利，他自己七歲時，只夢想過成為一名消防隊長，還未曾想到過當總統。

美國總統作為世界上最有權勢和最忙碌的人之一，卻能安排出一天的時間，以這樣的一種方式幫助他的一位普通公民——七歲的小孩實現夢想。這種愛心是值得人們學習、讚揚的。

人生的道路起伏不定，逆境常多於順境。

身處逆境，面對不幸，當事者不僅需要加強自信心，也迫切需要別人的勸慰。當親朋好友遭受不幸時，及時送上真誠的安慰，更是你應盡的責任。

你應該多談談對方關心、感興趣的事，以轉移對方的注意力，減輕其精神負擔。安慰如雪中送炭，能給不幸者溫暖、光明和力量；給不幸者安慰，是為人處世的一種美德。

探望身患重病的不幸者，不必過多談論病情。有關的醫療知識，醫生已有交代、說明，無須你再多言，如果對方本來就背著重病的精神包袱，你再談得過多，勢必使其包袱加重。

由於不幸的原因有些是先天的，因此對那些由於先天性缺陷或因出身、門第被人歧視的不幸者，勸慰時應該多講些有類似情況的名人的成功事例，鼓勵對方不向命運屈服，樹立樂觀向上的積極態度。

安慰喪親的不幸者，你應當注意傾聽對方回憶、哭訴，並多談談死者生前的優點、貢獻等。這時，不要急於勸阻對方的慟哭。

強烈的悲痛如巨石積壓在心頭，愈久愈重，不吐不快，讓其宣洩、釋放出來，反而有利於較快恢復心理的平靜狀態。

對遭受挫折的人，責怪不對，憐憫也不對。「唉，你真倒楣！」「你的命真苦！」這類話，只能使聽者更加心灰意冷，無法重新奮發起來。

一個人遭到挫折時，十分需要人們的同情。比如孩子考試失利，有的家長是一味責怪：「真是笨腦袋！沒出息！我看你根本不是讀書的料！」也有的是同情安慰，積極開導：「這次是題目太難吧？沒關係的，爸爸年輕時考試也失利過。好好總結教訓，爭取下次考出好成績。」顯然，前者的態度只能使孩子倍增痛苦，後者的態度才是正確的。

對那些給人心理造成重創的突發事件，要注意安慰的時間性。

時過境遷再安慰不僅失去意義，而且會使對方已經平復的心靈勾起傷心的回憶，這是有害無益的。

當然，也不是說一定要在對方情緒激動的時候去安慰，一個人在情緒處於失控的情況下，任何人的安慰都難以入耳，只能是火上澆油。

還是等他冷靜下來，恢復了理智，這時再安慰才有效果。

在人的一生中，你所遇到的人大都渴望得到同情。

如果你給予他們同情，他們同樣也會把同情還給你，你就能大為獲益。

三、付出愛心總會有回報

安史之亂時，唐玄宗率大軍西行避亂，駕車路過國庫時，唐玄宗看到許多士兵舉著火把在等候，便停下來問道：「這是幹什麼呢？」

楊國忠回答說：「請允許我把國庫裏的積存燒了，不要給敵寇留下。」

皇帝嚴肅地說：「敵寇來了，如果得不到這些財物，就會從百姓那裏搜刮。不如給他們，不要讓我的百姓再次遭受困苦了。」

於是下令把國庫裏的積存保存下來：不准燒毀。聽到這件事的人都感激得流淚。

在逃難時，唐玄宗尚能為百姓著想，可見開元初年的政治，足可以使人心歸附，因而他最終能得到機會返回京城。

楊國忠不想留下國庫的積存去資助敵寇，也不是錯誤的計策。只是明皇考慮到老百姓將再次遭受困苦，而寧願給敵寇留下。唐玄宗的這種仁愛之心在一定程度上挽留了民心，為日後平定安史之亂奠定了民眾基礎。

不管你將來做什麼工作，你都可以在你的心中培養一種熾烈的願望——向他人施予幫助。每個人都能以他自己的一部分力量向別人施予愛心。你不要以為只有富有的人才能實現這個信念。

有一天，美國兒童俱樂部的一個代表要某個人以很少的贈與幫助美國兒童俱樂部，這個俱樂部的惟一目的就是對孩子們進行品德教育，但被這個人以惡劣的態度拒絕了。

「滾出去！」他說，「我病了，討厭人們向我要錢！」

這位代表轉身向外走，走到門口又停住腳步，轉過身來，和善地望著書桌後的那個人說道：

「你不想同這些貧困的人分擔疾苦，但是，我願意同你分享我所擁有的一部分東西——一句禱文：願上帝祝福你。」說罷他就帶上門走了。

這位兒童俱樂部的代表隨著一時閃現的激勵情緒記起了這句話：「……銀子和金子我都沒有，但是，要是我有了這樣的東西，我就贈送給你。」

過了幾天，發生了一件有趣的事。

拒絕捐贈的那個人敲著兒童俱樂部辦公室的門，問道：「我可以進來嗎？」

他隨身帶著一張五十萬美元的支票。他把這張支票放到桌上，說道：「我贈送這五十萬美元有一個條件：請你絕不要讓任何人知道我做了這件事。」

「為什麼？」代表問他。

「我不希望孩子們知道我的名字，誤認為我是一個好人，而實際上，我卻是一個罪人。」他捐助錢財是為了使孩子們避免做出他所做過的錯事。

這就是你為什麼不知道這個人的名字的原因，只有那個兒童俱樂部的代表才知道他的名字。

你可能沒有錢，就像那位兒童俱樂部的代表一樣，但是，你能同別人分享你所擁有的一部分東西。你也能像他一樣，成為偉大事業的一部分。你也能在需要給予的時候慷慨地給予。你最貴重的財產和最偉大的力量，常常是看不見和摸不著的，沒有人能拿走它們，只有你才能分配它們。

你施予他人的東西愈多，你所擁有的東西也會愈多。

怎麼，對這一點還有什麼懷疑？其實你可自行加以證明。辦法是：給你所遇到的每個人一次微笑，一句親切的話，一句令人愉悅的話。良好的思想，發自內心的喝彩、讚揚、希望和信任，等等。

施予愛心總會有回報，成功的法則就是這樣。有人會擔心付出而沒有回報。是的，你的某次付出，甚至好多次付出都沒有回報。但是，如果你堅持做下去，堅持做一年、兩年、一輩子，你將獲得令你想像不到的回報。

四、要有自我奉獻的精神

在一個靈魂最為崇高的人生旅程中，自我奉獻的品質永遠不會被超越。如果能堅持正確的信仰，那麼，這種信仰必然能發展他的能力，增強他的精力，提高他的自尊，使他的品格變得更為穩固，並且會幫助他拓展成功的前景！

你不能期望先獲得豐厚的報酬，然後才決定要回報什麼。你必須在收穫之前先奉獻。你必須直率地付出，並且深信終究會獲得報酬。

你應該清楚，率直地幫助你身邊的人而不求任何特定的回報是多麼重要。你也能夠明白，伴隨著這樣的行為所帶來的像自尊和鼓舞等無形的個人利益，又是多麼豐厚的回報。

但是當你提供無私的奉獻時，你將會發現你鼓舞了不同領域的人們去採取類似的行動，並且激起了漣漪般的影響，這種影響效果是遠超過你個人獨自所為的。

你對他人的價值已經產生了影響，這也是不假的。你的行動對於那些涉及重要立場的人們是一種溫和而堅定的信號，暗示著成功不可能來自一種沒有熱誠的奉獻，而且也提醒他人，你從勞動中獲得了個人的滿足。

在美國新奧爾良的中心廣場上，矗立著一座漂亮的大理石雕像，雕像上寫著這樣幾個字：「瑪格麗特雕像，新奧爾良」。

它的起源是這樣的：在黃熱病瘋狂蔓延時，瑪格麗特的父母被疾病奪去了生命，她成了一個孤兒。她非常貧窮，沒有文化，除了會寫自己的名字外，幾乎什麼也不會寫。她在年紀很輕時就嫁人了，但不久她的丈夫死去了，她惟一的孩子也死去了。於是她就到女子孤兒收容所去謀生。

她和修女們一起從早到晚地忙碌不停，將整個生命都投入到了為這些孤兒的工作中去了。當一家新的漂亮的收容所建造起來以後，瑪格麗特和這些修女們從原先的艱苦條件下解脫了出來。

瑪格麗特非常努力地工作著，將節省下來的每一分錢用來幫助那些孤兒，因為她已經把這些孤兒當成了自己的親生孩子。

後來，瑪格麗特還在這個城市開了一家屬於自己的麵包店。這個城市的每個人都認識她，他們還資助她去購買運奶的小車和烤麵包爐。而她自己從來就沒有一件絲綢衣服，也沒有戴過一雙羊皮手套。她的努力後來得到了回報。

她離開人世後，為表達對一個美麗的、無私的人的感激之情，這座城市就為這位孤兒的朋友和保護者建造了一座美麗的紀念雕像。

樹立仁愛之心，把自己奉獻給所有更完美、更純潔與更真實的事物，這才是一種帶有明顯個性特徵的高尚生活。

借助於對所有高尚完美的事物的強烈感情，我們對自己的熱愛和對生命的感激也會變得更為柔和與清晰。

智慧點滴

施予愛心總會有回報，成功的法則就是這樣。有人會擔心付出而沒有回報。但是，如果你堅持做下去，堅持做一年、兩年、一輩子，你就會獲得令你想像不到的回報。

錦囊49

愛自己也愛別人

有許多人只顧著自己的事，只關心自己的事務，一生都不能吸引人，交不到朋友，他們「獨善其身」，所以久而久之，便失掉了與外界的聯絡與感情。

有的人總是想不明白為什麼大家都不喜歡他。假使他去參加一處聚會，每個人見了他，都會退避三舍。所以，在別人縱聲談笑、其樂融融的時候，他只是寂寞獨處，彷彿有一種「離心力」似的。別處有宴會或集會時，他很少被邀請參加，他在社會上彷彿是一個冰塊，沒有熱氣，沒有吸引力！在生活中，這樣的人很多，在你的身邊可能就有。

這樣的人不受歡迎的原因，在他自己看來，完全是一個啞謎。他本領很高，工作能力很強，但他很懊喪地發現，比他能力低十倍的人，卻能到處受人歡迎，而他自己反而惹人生厭。工作完畢時，他也很想同大家親近，但他從來不能如願以償。

他始終沒有認識到，他之所以如此令人討厭，關鍵就在於他的自私心理。他總是為自己打算盤。他絕不肯費些時間，拋掉自己的事情，去為他人打算。每次同人談話時，他總要把話頭拉到他自己的事情上去。

一個人若老是冷漠、自私自利，那麼，他是不可能交到朋友的，也不可能有人願意請教他。但一旦他對別人的事，顯示出關心和興趣，他便立刻會具有一種「吸引力」。

一個只長耳朵的人，比一個只長嘴巴的人更能獲得更多朋友的喜愛。他同別人之間，以前是「相斥」的，現在卻是「相吸」的了。假使，他能夠常常設身處地地為他人的利益著想，便也能獲得別人對他的回報。

要想多交一些朋友，本身必須有種可愛的品德。

自私、小氣、嫉妒、不樂於成人之美、不喜聞人之譽的人，不能獲得朋友，甚至連小動物也不願同這種人在一起！

生活在貧困環境中的人，往往欣羨那些有財產、無須作謀生奮鬥的富家子弟；但在實際上，在這些貧苦青年自己的人生中，往往不斷積聚著財富，一種比金錢更為可靠的財富——受人歡迎的品德、吸引朋友的能力——平等地與別人相處，而不是凌駕在別人之上。

要讓自己受人歡迎、敬重，必須具有高貴的品格。只有能表現出「最善的自我」的人，才能受人歡迎，被人敬重。

二、去喜歡他人

人人都渴望得到他人的喜歡，但是，與人相處並不是件易事。如果我們想生活得愉快、成功，就必須學習這項重要技巧。

那麼應該如何學習呢？答案很簡單，但非常重要，那就是：**真誠地喜歡他人**。這種喜歡必須是發自內心，而非一種虛偽的敷衍。

當然，做到這點誠實確為不易。某些人感到喜歡別人很困難，但是，如果你能學著多多喜歡別人，今後對人產生好感就容易了。光靠嘴巴說「我要去喜歡他人」是沒用的。

能使你喜歡別人的思維方式，便是積極的思想，也就是說，你必須以一種積極的態度而非消極的想法去對待其他人。它很簡單，但並非很容易。

「喜歡別人」是一種生活方式的結果，它是一種訓練有素的思想模式的產物。

要成為令人敬重的人，就必須將注意力從自己的身上轉到別人的身上去。

一個人如果只想著自己，他是不可能被人喜歡的。

有人說：「人性中最強烈的欲望便是希望得到他人的敬慕。」這句話對於「別人」也同樣適用。他人也希望得到你的敬慕。別人想獲得你的關心，卻無法從你這裏得到，當然也不會去注意你。如果你只是過度地關心你自己，就沒有時間及精力去關心別人了。

如果你希望得到別人的喜歡，你就必須先學會去愛別人。

要真正地去關心別人、愛別人，激勵他們展現最好的一面。那樣，正如不求報酬做善事終會有所回報一樣，別人也會加倍地關心你、愛護你。

如果在一種艱難的處境中，你能對一個人表現出你的理解和耐心，則不只是那個人，其他人也同樣會對你非常敬重。

最好的朋友是能將你內心最好的潛質引導出來的人。你必須透過表面現象，看清一個人的真面貌。

如果你幫助他，使他達到自己內心中所期望的境界，你一定能贏得他的敬重和信賴。

行動也可以表達思想，有時甚至比語言更明白、更直接。我們大都只是聽人說話，而沒有注意到行動也是種語言，因此，使我們與他人的溝通受到阻礙。

傾聽的藝術是受人喜歡的秘訣之一。遺憾的是，很多人不知道如何去傾聽別人談話。

當別人有問題來找我們時，我們常會說得太多。我們總是試著提出太多建議，其實多數時候最需要的也許只是沉默，同時把耐心、寬容和愛傳達給對方。

受歡迎的人往往還具有一種優良品質，他們大都明白如何使別人接受自己。誰能做到這一點，誰就能獲得別人的喜愛。

以自我為中心的人，常常不懂得接受自己。這種心境常會產生悲憫和受挫感。因為如果個人內心感到痛苦，其他人往往會不自覺地加劇他的緊張情緒，並且他也決不能與其他人一起獲得成功。所以，過分以自我為中心的人總會令自己不快樂。

幫助別人是一門藝術。一個人如果知道該怎麼做的話，他必能獲得別人持久的感情。如果你希望被他人接受、喜歡、尊敬，你必須向他們提供建設性的幫助，同時具備與人溝通的技巧。

如果你經常關心他們，這無疑會增加你獲得成功和幸福的機率，別人也會因此而喜歡你。

三、發揮熱忱的魔力

熱忱是一個人對事、對人所體現出的發自內心的興趣。多發揮熱忱的魔力，就會多一分收穫。沒有熱忱，肯定不會對自己所做的事情盡心盡責，精益求精。

有些人養成了冷漠的性格，對工作缺乏認真的態度，幹到哪兒算到哪兒，更談不上讓自己的事業蒸蒸日上了。追求成功者需要的不是冷漠，而是熱忱。

希歐多爾．羅斯福是深受美國人民愛戴的總統，他獲得了驚人的聲譽。在家裏，他的僕人也同樣很熱愛他。他的貼身男僕安德列和其妻子住在一棟小房子裏，離羅斯福總統的住處很近。一天，安德列的妻子問羅斯福總統野鴨是什麼樣子，因為她一生都沒離開過華盛頓，沒機會到野外去看野禽。羅斯福總統耐心地向她描述了野鴨的模樣和習性。

第二天，安德列房裏的電話響了。電話是羅斯福打來的，他告訴安德列的妻子，他們房子外面的大片草地上有隻野鴨。安德列的妻子看見了對面房屋窗戶裏羅斯福微笑的面龐。

心中有愛的人，總是充滿朝氣，情緒平和，樂觀、進取，令人願意接近，且具有自尊心與自信心，克己而又樂於瞭解別人，與人相處經常表現出親切、仁慈與關懷，因此善結人緣。

而一個缺乏愛心的人，往往敏感，容易發怒，時常激動，情緒多變，性情乖戾，由於缺少仁慈胸懷，對別人的困苦漠不關心，不樂善好施，也不熱心公益，可以說是一個極端自私的人，人人厭惡，當人們認清他的面目之後，一定會逐漸疏遠，不屑與之為伍。

其實，愛自己也愛別人的人，往往可以超越愁苦，給自己充分「生」與「活」的資訊。

當然，愛的出發並不一定要求回報，只要將愛根植於內心，發乎心、發乎本性的自然傳達，在真誠與包容中，便會感受到人生的溫馨與和諧。

從醫學上講，無私的愛，照顧他人流露的真情，與人為善的態度，這些都可以促進身體的抗病能力。

如果你對自己和他人都充滿愛心，這種精神會在血液淋巴細胞中產生抗病功能，增強免疫力，克服生理病變，對身心健康有益。所以醫學家肯定——愛是仙丹。

也正因為我們愛別人，我們才領略到了人間可貴的真情。

四、要有同情心

人生不如意事十有八九，有時遭受的甚至是毀滅性的打擊，在這種時候，沒有人會拒絕別人善意的幫助。

「君子不乘人之危」是說正義的人不會在這個時候再給他人傷口上撒一把鹽，把別人置於死地。我們主張「君子好乘人之危」是指在別人處於危難之時，君子能夠挺身而出，伸出援助之手。

電影或小說中經常有一些這樣的片段：兩個本是對手的人，其中一方落難後得到另一方的救助，而後兩人成了親密的朋友。對手之間尚且如此，更何況大多數人是我們的朋友，因此，保持一顆同情心至關重要。

幫助他人有時只需要時間上的耗費和一些關懷的語言，有時則需要物質上的幫助。當然，如果從長遠利益來看，這點個人利益的犧牲是微不足道的。

大家都知道「馬歇爾計畫」，如果當時美國只考慮自己的眼前利益，不拿出那麼多錢來振興西歐，它會長時間保持霸主地位嗎？「馬歇爾計畫」幫助美國的企業主打開了西歐的市場，美國的產品在西歐佔據了重要的市場份額。美國的思想和文化也趁機長驅直入。

俗話說「投之以桃，報之以李」，今天你幫助他人，給予他人方便，他可能不會馬上報答，但他會記住你的好處，也許會在你不如意時給你幫助。

退一萬步來說，你幫助別人，他即使不會報答你的厚愛，但可以肯定的是，他日後至少不會做出對你不利的事情。如果大家都不做不利於你的事情，這不也是一種極大的幫助嗎？

保持一顆仁愛之心吧，在別人需要幫助的時候，伸出友愛之手。

智慧點滴

人生中最重要的事，不是賺錢滿足個人慾望而已，而是要把我們內在最高的力量、最美善的天性充分地發揮出來。這樣，我們就能成為受人歡迎的人了。

錦囊50
愛可以承擔一切

一生中體驗擁有過真愛的人們，他們絕大多數都生活得愉悅快樂、身心舒暢。一種積極樂觀、甜蜜美滿的感情關係往往能給人帶來充分的自信、安全感和成就感。

在一段感情行將終結破裂的時候，人們常常感受到背叛、沮喪的挫敗感以及難以忍受的痛苦，他們會覺得處於崩潰和毀滅的邊緣。

關係破裂的原因之一在於人們沒有付出足夠的努力去維繫與對方的感情，使關係更加親密和富有生命力。他們以為感情關係一旦建立就可以一勞永逸、高枕無憂，往往不再多花心思去澆灌經營。

當然不可否認，某些感情關係從一開始就註定是會失敗的，沒有絲毫改變的餘地和可能性。但在大多數感情關係中，雙方對彼此關係的重視和努力通常能創造一種充滿關愛、經得起時間考驗的長期結盟。每一天都付出心力去鞏固一段感情的各方面，這段關係就一定能健康持久地發展下去。

然而不幸的是，能夠牽手一生、終生不渝的美滿婚姻的機率卻越來越少。美國有遠超過半數的婚姻最終是以離婚告終的，而在仍然維繫著的婚姻中，雙方都認為自己的婚姻不理想、品質不高，以及對婚姻不滿意的夫妻在調查中占很高的百分比。

其實人們不是沒有能力去維護長期的戀愛、婚姻關係，而是他們通常都太快的輕言放棄。人們都應該為人生中自己重視並珍愛的東西全力以赴、奮力拼搏。這同樣可以適用於經營人際間的感情關係。

大多數時候，當你剛剛開始一段感情時，你會覺得被幸福包圍，宛如沉浸在天堂一般。對方使你的生活變得更加令你激動興奮，連一些旁枝末節的小事似乎也變得充滿吸引力，你從未發現生活原來可以如此的充滿魅力，你會感覺自己渾身上下充滿了生命的活力和熱情。

但隨著時間的推移，許多你在開始時所感受到的那些強烈火熱的激情會趨於平淡，漸漸消失無蹤。你也許仍然在內心懷有對伴侶真摯的愛，然而，可能卻不如以前那麼強烈了。你可能也不會像從前一樣，信誓旦旦地願為他或她奉獻或作出犧牲了。

你不需要為難自己去滿足於有缺憾的感情關係，勉強得過且過。你應該將餘下的人生歲月在充滿激情的關係中度過。但是，你必須為此目標付出努力，因為，成功的感情關係不是自然而然就會發生的。

不要讓你們的感情關係變得乏味無趣，不要讓憤怒和怨恨有任何機會在你們的感情中生根發芽。

從現在起就立即著手去做一些能改善你們之間感情關係的事情。要想擁有能夠不斷成長的健康關係，你必須付出精力和時間去呵護灌溉。

你要以一種適當的方式去善待你的伴侶，通過這種方式，你對他或她的愛就能持續不斷地增長。

只要你心懷一種對充滿激情、令人興奮，同時又能長長久久的感情關係的真誠渴望，你就一定能擁有。你的人生觀也是能幫助你維繫感情關係的決定性因素。

如果你滿腦子都是消極的思想，沒有絲毫的自尊和自信心，生活中沒有夢想或目標，那麼，你的感情之路肯定會充滿荊棘，困難重重，而你將舉步維艱。

要有胸懷樂觀的心態。運用你的智慧去實現自己夢寐以求的願望和夢想。做一個懂得給予的人。你給予得越多，你所得到的回饋就會越大。自私自利最終只會使你一無所獲。

你的成功是由你自己決定的。你可以選擇是否要與人建立人際關係，或建立什麼樣的關係。這些關係是成功發展，還是以失敗告終，這一切也是由你自己所決定的。

當一段感情關係出現問題的時候，你是能夠感覺得到的。你會對因此產生的壓力感到緊張難安、心煩意亂。在這種時候，你可能會移情別戀，轉而被其他的異性所吸引。你會尋找機會盡可能少地同你的伴侶相處，甚至會為能遠離他或她而感到輕鬆自在。你可能還會在心裏將你的愛人同其他人相比較，覺得對方處處都不如別人。你與愛人的交談會變得越來越少。你開始盡可能選擇那些你的愛人不感興趣的活動或娛樂，這樣你就能無拘無束的獨處。

使關係健康發展的惟一秘訣是，每一天都花些心思來培育它，每一天你都應該同你的伴侶相互溝通，真誠地表達你對他或她的愛。

每個人都有能力去營造完美的愛的關係。但是，一些人卻不知道如何好好把握自己的思想和情感，因而，當真愛來臨的時候往往不懂如何去接受。他們常常說自己愛著某人，然而卻羞於向對方表達。他們不與人分享自己的情感。對於那些對他們主動示愛的人，他們往往會心存懷疑，小心戒備。

這樣的人永遠也不可能品嘗到真愛的甘美和迷人魔力，除非他們能學會表達自己的情感。他們必須學會忠於自己內心的真實感受，並將那些感受毫無保留地向自己所愛的人表白。

我們通常不願勇敢表白自己的情感，其主要原因是害怕拒絕或失敗。我們會因為自己的感情沒有得到回應而覺得受到傷害，並因此變得脆弱怯懦。

人們不會懼怕真愛，卻會恐懼失去真愛。令他們感到恐懼的其實是受到傷害和羞辱的感覺。

你完全能決定和掌控你能付出多少愛，又能收穫多少愛。你一定要忠實地去體會自己對他人真實的感受，並向他們表達自己的情感。告訴你的愛人你的感受和想法。不要將自己的情感當做秘密深藏心底。坦誠地展示出你的愛，並予以充分的關注和重視。

給予某人你對他或她真誠的關愛，即使沒有得到回應，其實也是一件非常美好的事，你同樣能因此體會到一種妙不可言的神奇快樂的感受。主動付出你的愛，不要膽怯害怕。你付出的真愛越多，你就會覺得越快樂。

一旦你愛的感受終結消退，你的快樂也會隨之消逝。此時，無論你的伴侶做什麼，說什麼，你也許都會感到難以忍受的傷害和孤獨。如果你的愛人對你的愛以一種你不喜歡的方式來回應，或是做了什麼與你的步調不相一致的事情，你仍然應該無條件地付出你的愛和關心。這才是真正的愛。

你應該允許你所愛的人有不同的選擇，對他們的決定和選擇要給予全力真誠地支持。你不要總是期待他們來取悅你，逗你開心。

如果你將自己的幸福建立在某人的身上，那麼，一旦此人離開你，你就會痛苦傷心，當然再無任何幸福可言。如果你依靠自我的力量去尋求幸福和快樂，你就總是能夠找到的。

當你與愛人的關係變得沉悶乏味或是如同例行公事般的缺乏激情，而對於彼此的共同活動你似乎也是意興闌珊，草草應付的時候，這種局面很可能是因為你沒有努力去經營改善與對方的感情而造成的。

你從前的激情和那種難以按捺的興奮感受都不復存在，不是因為它們真的完全消失得無影無蹤，而是你沒有付出努力把它們從內心中發掘出來。

感情關係應該是人生中首要的力量源泉，一旦它出現危機和無窮無盡的問題，就表示你已經將它擺在了次要的位置上，沒有給予足夠的重視。

你要重新來關注它，將重心重新轉移到感情上來。把從前的激情找回來。

對於持續時間越長的感情關係，有些人往往越懶於付出努力去改進，這樣的做法是很錯誤的。江山易得不易守，感情關係也是如此。感情往往容易建立起來，但卻需要人們付出更多的努力來呵護和發展它。

一段情感關係實質上也是一種同伴關係，它需要發生關係的雙方都付出真愛，相互扶攜，相互支持。

你應該盡力使同伴的生活更美好，給對方鼓勵和支持，多給對方真誠的建議而不是一味指責批評。

無論在人生風光明媚的順境或是痛苦黑暗的逆境裏，你都要與對方相知相守，始終陪伴在他或她的身邊。就像你與愛人分享所有的歡笑和眼淚一樣，你也要同他或她一起去感懷和禮讚生命的奇妙。

你的愛人不是為了伺奉和服務於你而存在的，而是應該被你關愛和尊重的。你們是一個團隊，雙方都擔負著把對方的人生變得更美好的使命。

你與愛人應該花盡可能多的時間與對方共度，以此來加強呵護你們的關係。

兩人在一起的時光應該是充滿神奇魔力的，你要全心全意地對待，盡可能排除那些會使你分心的事，不要匆忙應付。多花些心思去瞭解你的愛人。

探索如何才能使愛人的人生過得更美好，然後全力以赴地去完成。通過向對方坦誠表白自己的愛來營造兩人之間浪漫的愛的氛圍。

多花時間與你的愛人交談，談話的涉獵面要寬廣，才能多方面地瞭解愛人，並從對方身上學習新的東西。

當相愛的雙方具有共同點時，這種感情關係就是最成功和諧的。也許迥然相異的兩個人彼此間會產生充滿新鮮感的吸引力。然而就我個人的經驗來看，雙方共同點越多，越容易造就成功的關係，感情越穩固。

不論你現在是否已經擁有親密關係，或者還在尋尋覓覓，你都應該仔細慎重地考察與對象之間的彼此相容性。

許多人在尋求伴侶的時候，都把對方受教育的程度列在條件單上非常顯著的位置。殊不知，學歷並不是保證成功的親密關係的要素，也不是衡量雙方相容性的重要指標。學歷不是評估一個人智慧的惟一標準。事實上，很多擁有高學歷的人，除了自己的專業，對於生活各方面的技巧可謂一竅不通。

與之形成鮮明對比的是，許多沒有念完大學甚至高中的人卻異常聰明，並往往能獲得巨大的成功。更而甚之，大量靠自學獲得知識的人最終被證明比那些擁有學歷、受過正規學校教育的人更富有才智也更成功。

那些希望未來的伴侶擁有高學歷的人，實際上是將受教育程度當做社會地位的象徵。智力水準上的彼此相近，這一點在親密關係中的確很重要，但不能僵化地把智力水準等同於學歷，兩者是風馬牛不相及的。

年齡相仿也不是保證夫妻雙方婚姻幸福的關鍵，許多年齡相差數十歲的夫婦之間同樣能彼此建立和諧成功的親密關係。

擁有相同的宗教信仰在某些親密關係中佔據著異乎尋常的重要地位，而對於另一些人來說，卻無關緊要，甚至根本沒有加以考慮的必要。宗教信仰完全應該屬於夫妻各自非常隱私性的個人選擇。

情感的相容性在關係中同樣重要。如果你不懂如何去分享伴侶的情感，甚至不理解對方的感受，你們的關係將很容易出現危機，並且會相處得很艱難。

此外，一個人的道德標準、價值觀以及人生哲學都會對人們的行為方式產生深刻的影響和作用。

如果你與伴侶在這些方面不能達成共識，那麼你們將很難與對方建立積極和諧的長期親密關係，就算你們擁有其他的共同點也無濟於事。

對於感情和真愛，你們還必須持有相同的期待值。而性的和諧在兩人關係中是至關重要的。大多數時候，缺乏和諧的性生活是導致婚姻不美滿的主要原因。

盡可能早地探尋出你的伴侶在性方面愛好什麼，厭惡什麼，這對於親密關係是具有重要的現實意義的。

多花些心思去探究在親密關係中，哪些東西對你而言很重要。在那些具備你所看重的品質的人中間專心致志地找尋你的未來伴侶。

你當然無法找到完全符合自己要求的十全十美的人。如果你能與某個人具有大多數相同的興趣愛好和價值標準，那這個人很可能就是你正在尋覓的未來伴侶。雖然有成千上萬的快樂夫婦，他們的興趣愛好和需求大相徑庭。但是總體而言，如果夫妻雙方在許多方面都擁有共同點，那麼保持更和諧的長期親密關係的可能性要大得多。

不要為了取悅愛人而改變自己，也不要期望對方為你而改變。例如，如果你未來的伴侶是一個不解風情也不浪漫的人，他或她並不渴望對親密關係承擔長期的承諾和義務，對保持身材健美興趣寡淡，或者也不喜歡交際，與他人的關係淡漠，那麼你是不太可能改變對方這一切的。因此，如果你發現與對方真的很難相容共處，那麼你就應該輕鬆地放棄對方，繼續尋找其他合適的對象。

要找到一個與自己有相同興趣和價值觀的伴侶可能的確是一件困難的事情，但是，你可以很容易地找到一個各方面能與你相容妥協，並且具有潛力能成為你理想伴侶的人。

人品與感情關係的品質密切相關。如果你為人不誠實、膽怯懦弱或充滿敵意，這些品質同樣會出現在你的感情生活中。

成功的感情關係需要雙方無私地付出和給予，只向對方索取而不回報，這是不應該的。不要試圖操控支配對方，而要真心誠意地幫助他或她。

愛是耐心和仁慈，愛不是嫉妒或自負，愛不是傲慢或粗魯。愛沒有固定僵化的方式，愛也不是憤怒或怨恨。愛不會為錯誤而快樂，但會因為正確的事歡欣愉悅；愛可以承擔一切、相信一切、對一切充滿希望、忍耐包容一切。愛是永無止境的。

預言總會有死去的一天，說話的舌頭總會有停止的時候，知識總會過時。這是因為預言和知識都不是完美永恆的。

當永恆和完美降臨，不完美的東西都會頓時消逝。

智慧點滴

要找到一個與自己有相同興趣和價值觀的伴侶，可能的確是一件困難的事情，但是。你可以很容易地找到一個各方面能與你相容妥協，並且具有潛力能成為你理想伴侶的人。你應該為人生中自己重視並珍愛的東西全力以赴、奮力拼搏。

好運秘密——會引向成功的50個錦囊

作者：孫和
出版者：風雲時代出版股份有限公司
出版所：風雲時代出版股份有限公司
地址：105台北市民生東路五段178號7樓之3
風雲書網：http://www.eastbooks.com.tw
官方部落格：http://eastbooks.pixnet.net/blog
Facebook：http://www.facebook.com/h7560949
信箱：h7560949@ms15.hinet.net
郵撥帳號：12043291
服務專線：(02)27560949
傳真專線：(02)27653799
執行主編：朱墨菲
美術編輯：許惠芳
法律顧問：永然法律事務所 李永然律師
北辰著作權事務所 蕭雄淋律師
版權授權：馬鐵
初版日期：2012年10月
ISBN ：978-986-146-911-9

總 經 銷：成信文化事業股份有限公司
地　　址：新北市新店區中正路四維巷二弄2號4樓
電　　話：(02)2219-2080

CVS通路：美璟文化有限公司
地　　址：台北市信義區莊敬路289巷29號
電　　話：(02)2723-9968

行政院新聞局局版台業字第3595號 營利事業統一編號22759935

國家圖書館出版品預行編目資料

好運秘密--會引向成功的50個錦囊 ／ 孫和 著. -- 初版. --
臺北市：風雲時代，2012.07 -- 面；公分

ISBN 978-986-146-911-9（平裝）

1.成功法　2.生活指導

177.2　　　101013323